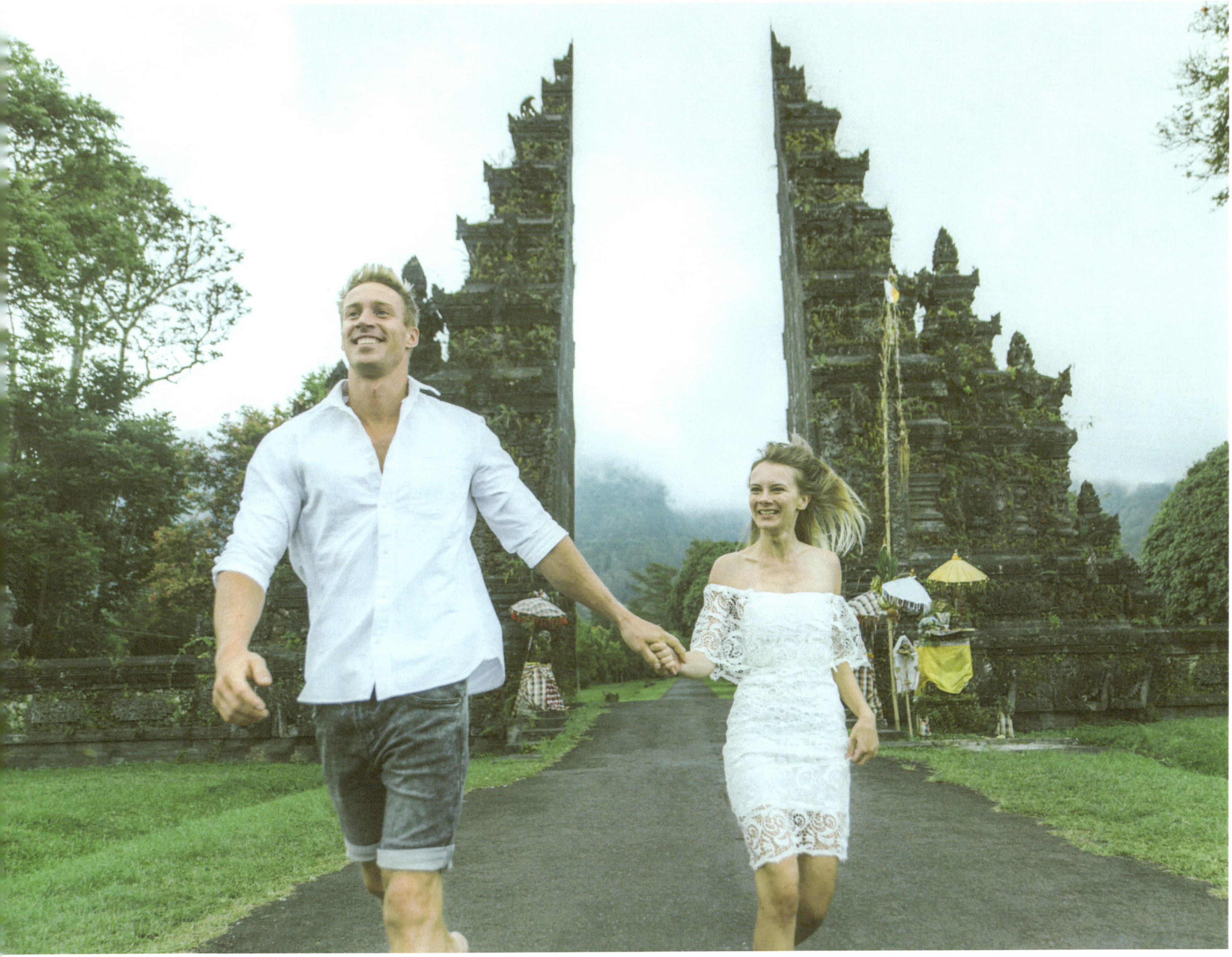

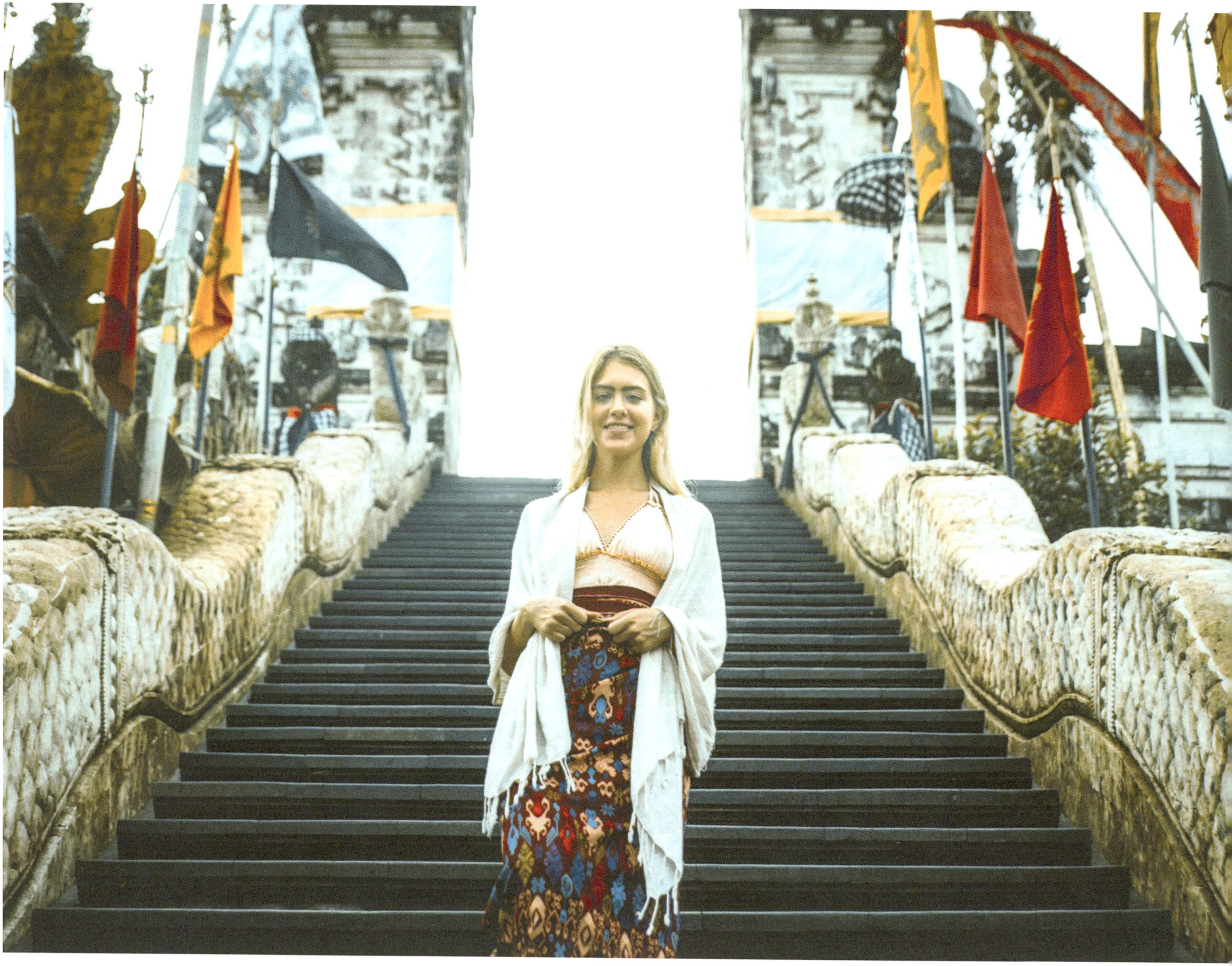

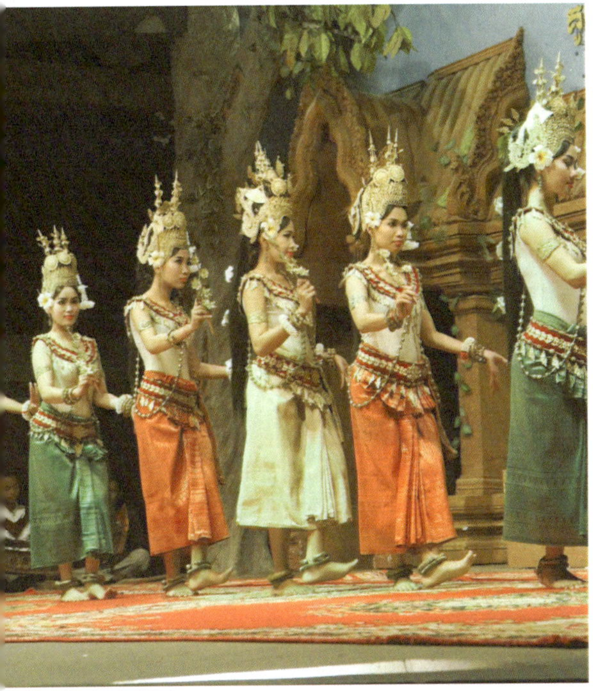

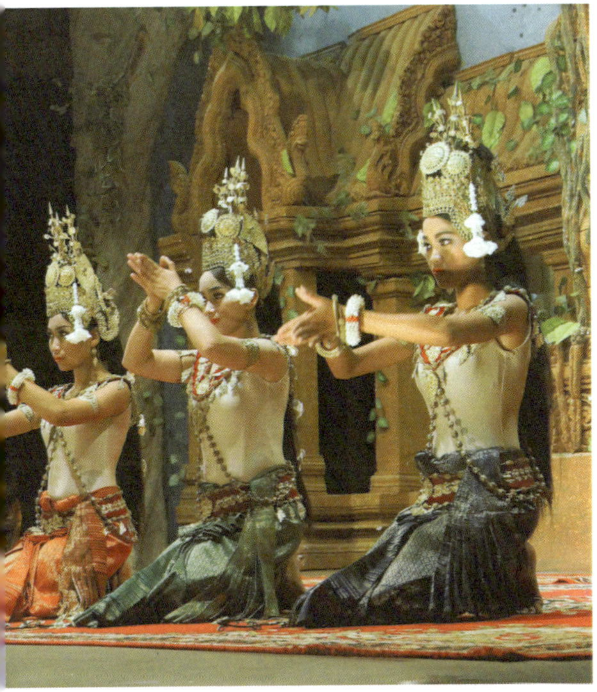

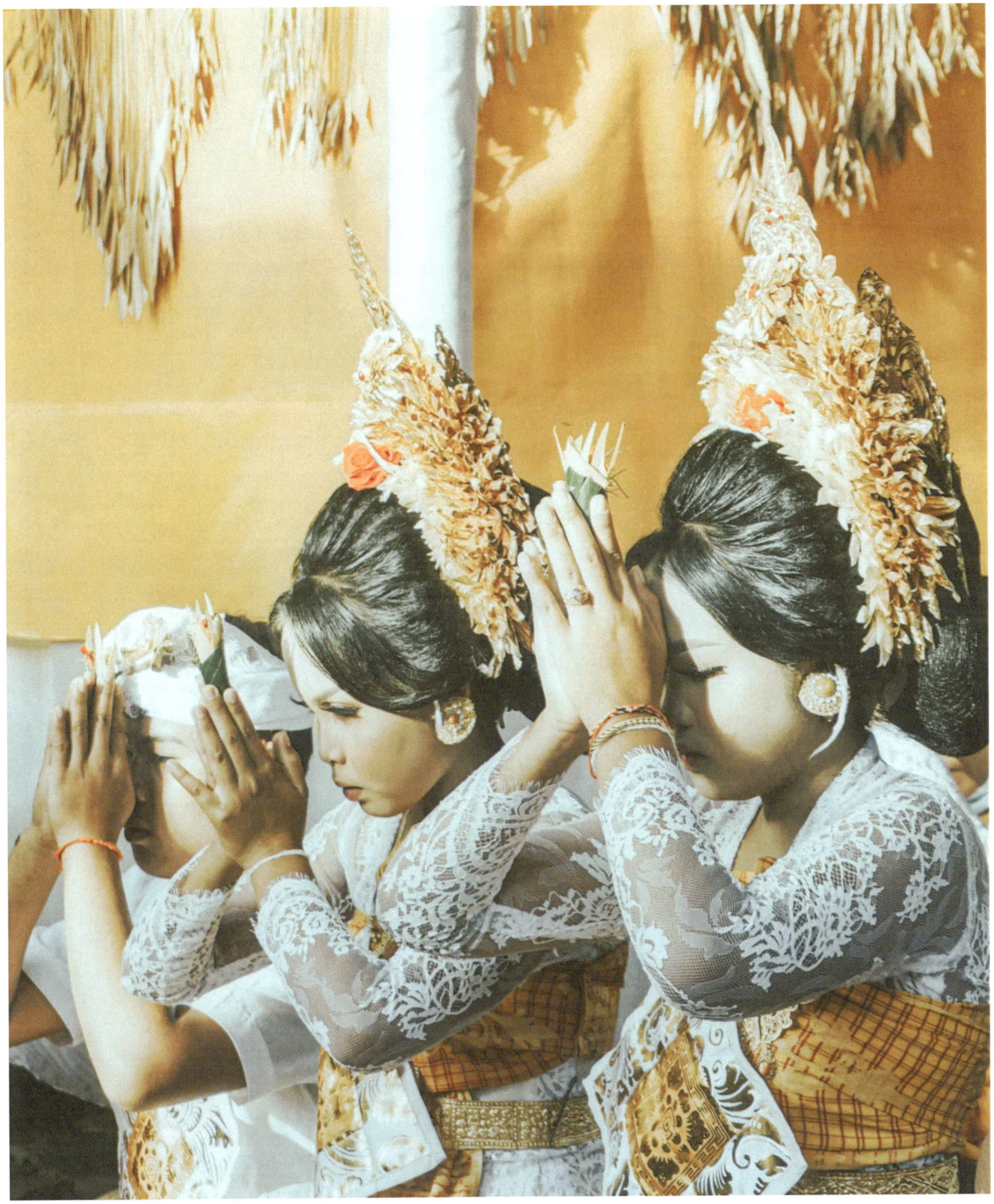

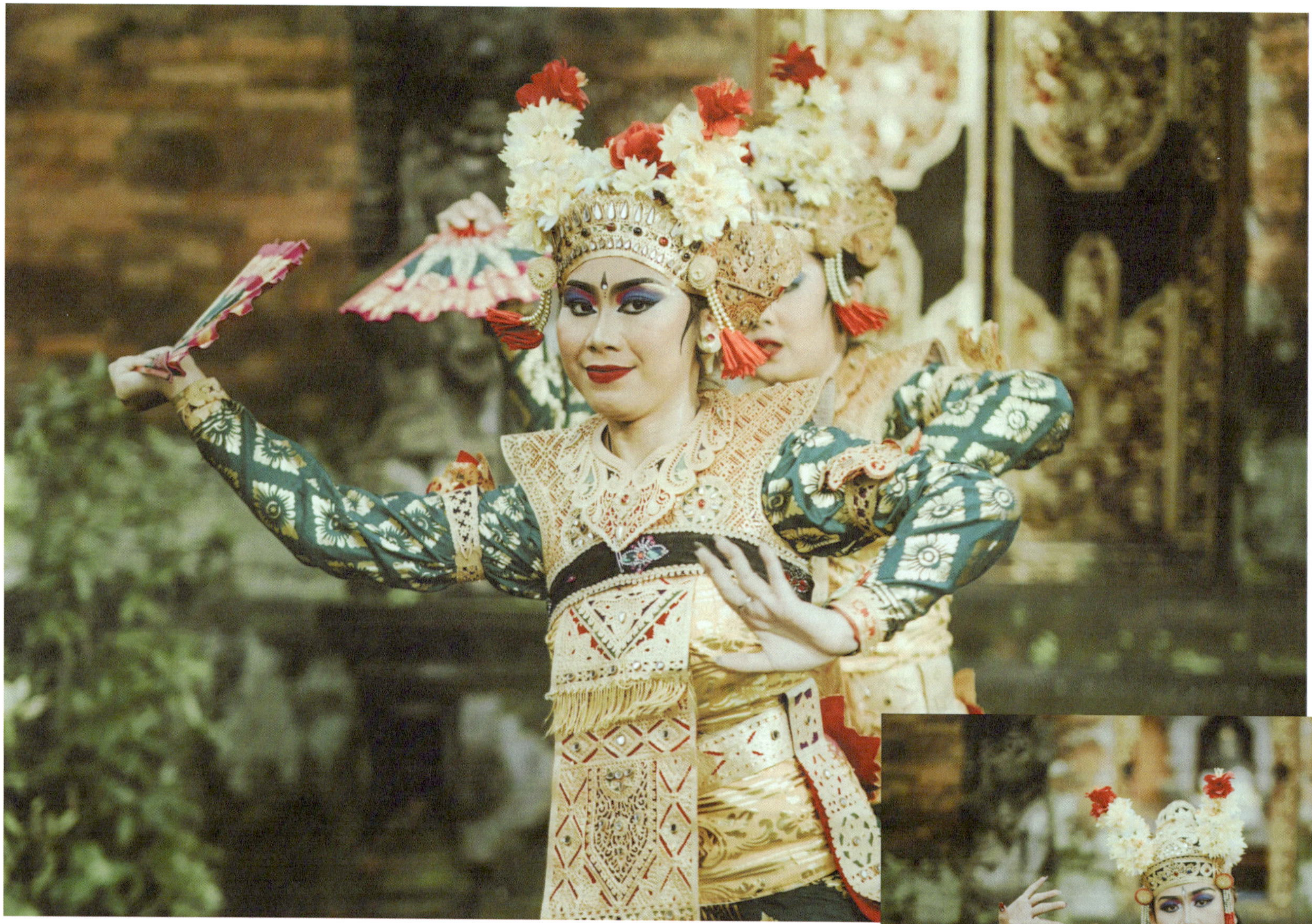

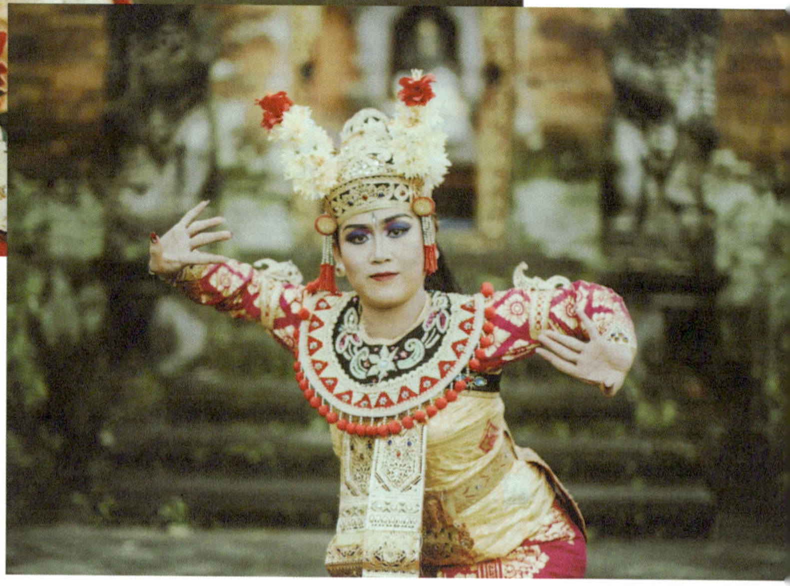

BALINESE TRADITIONAL DANCE

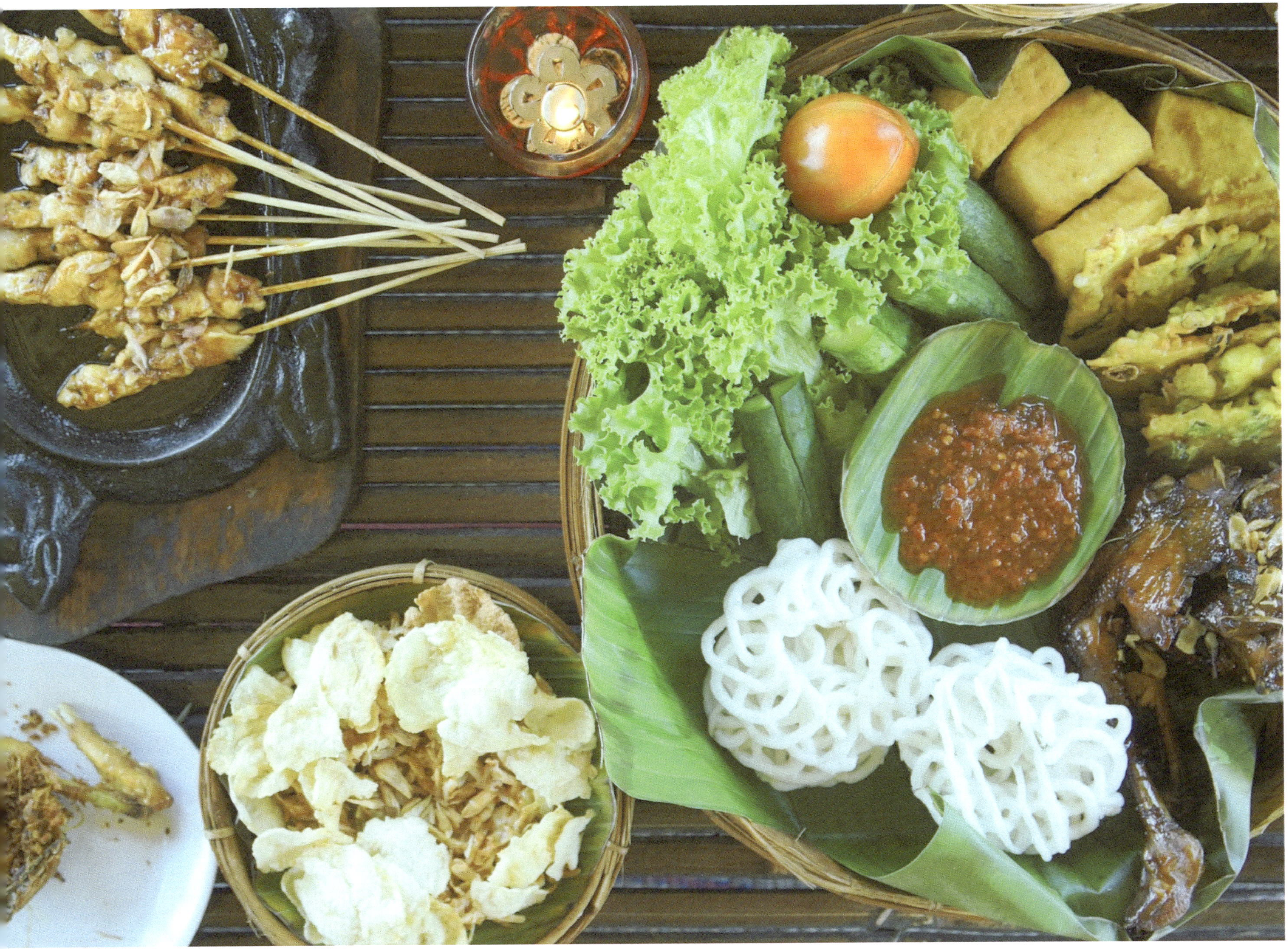

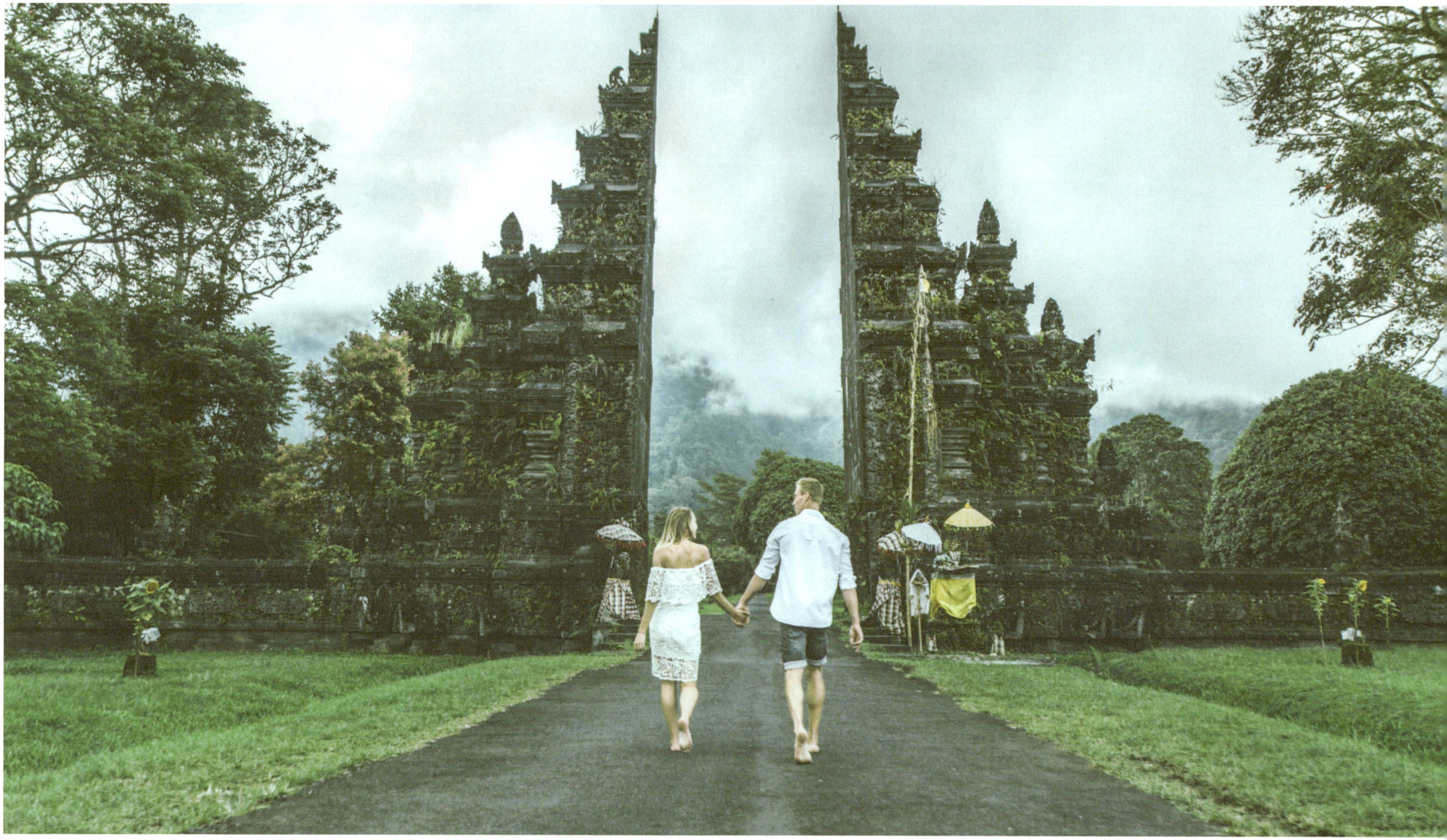
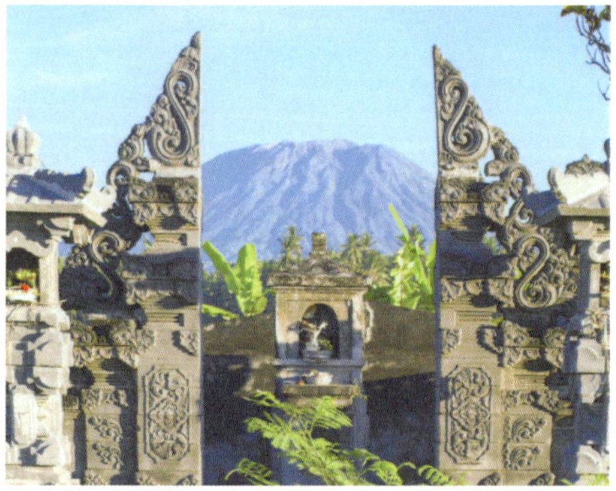
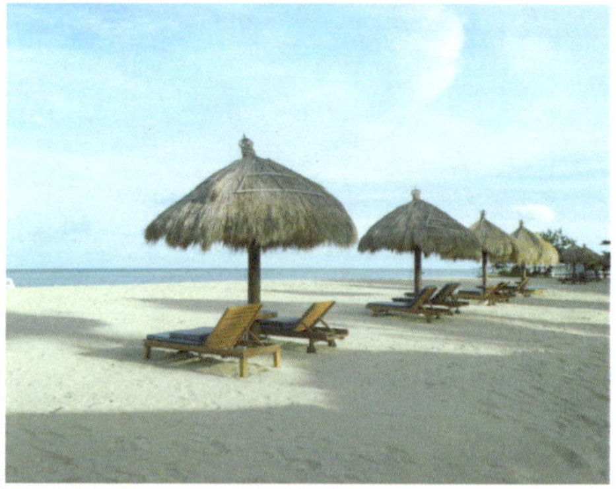
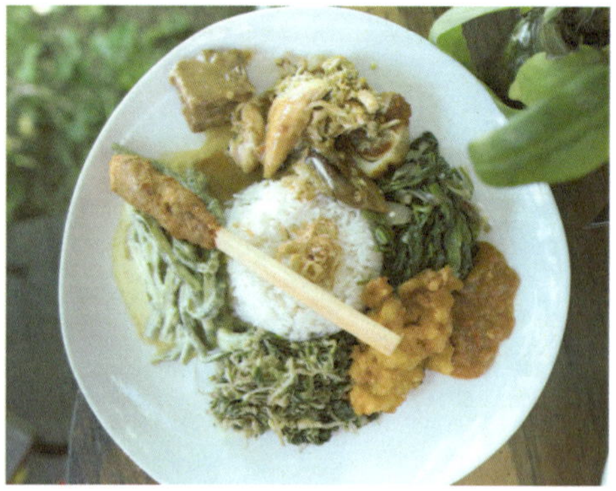
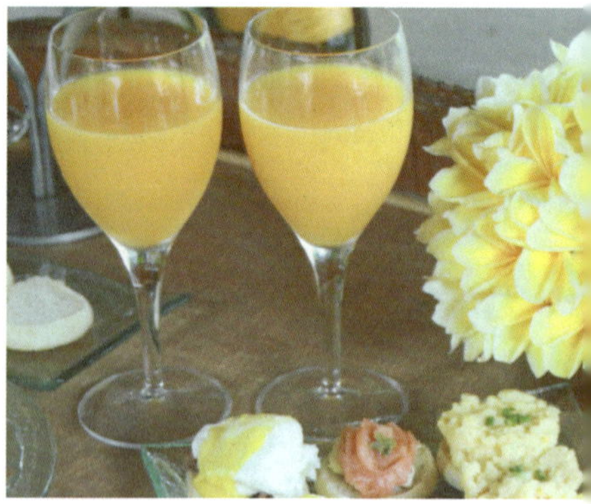

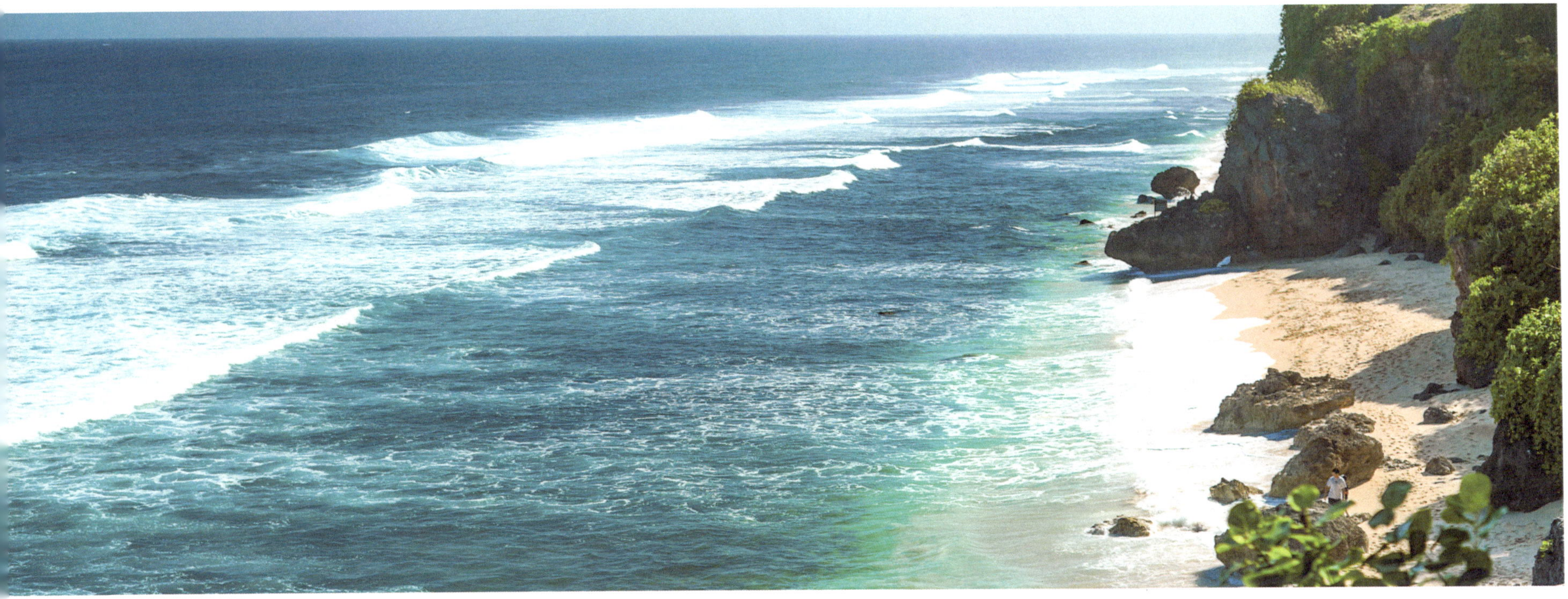

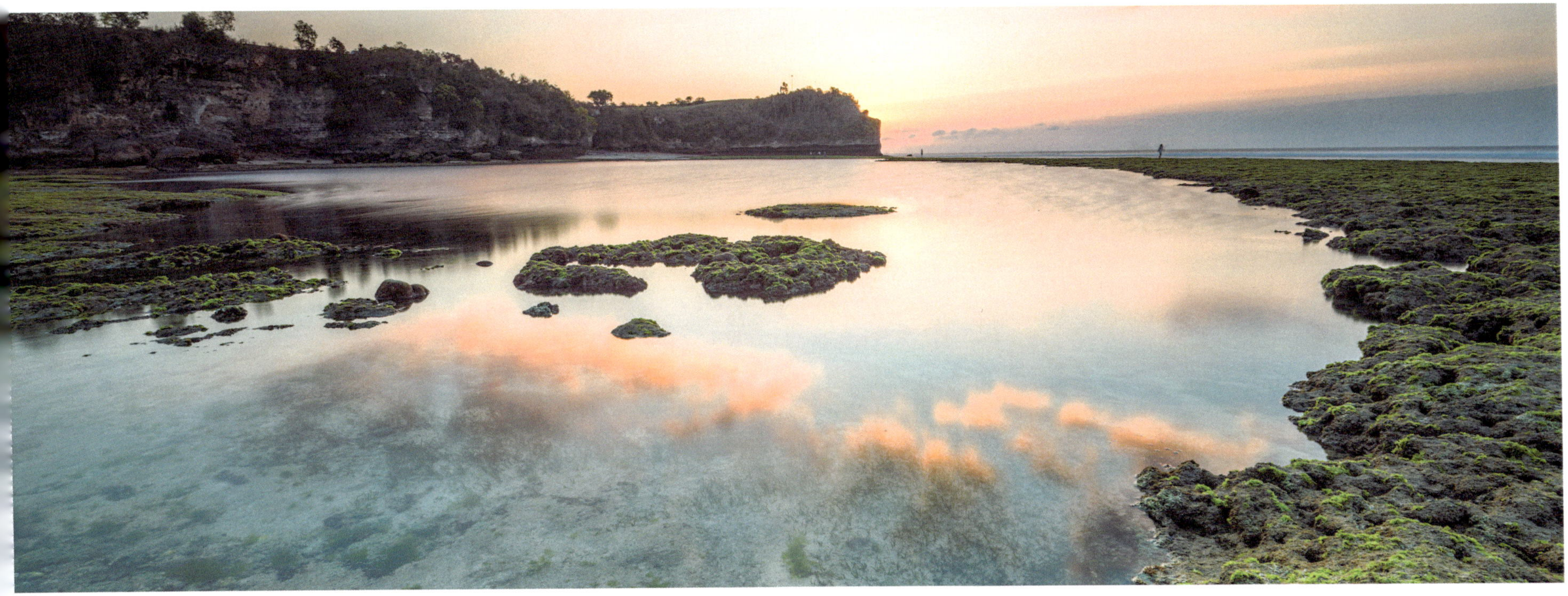

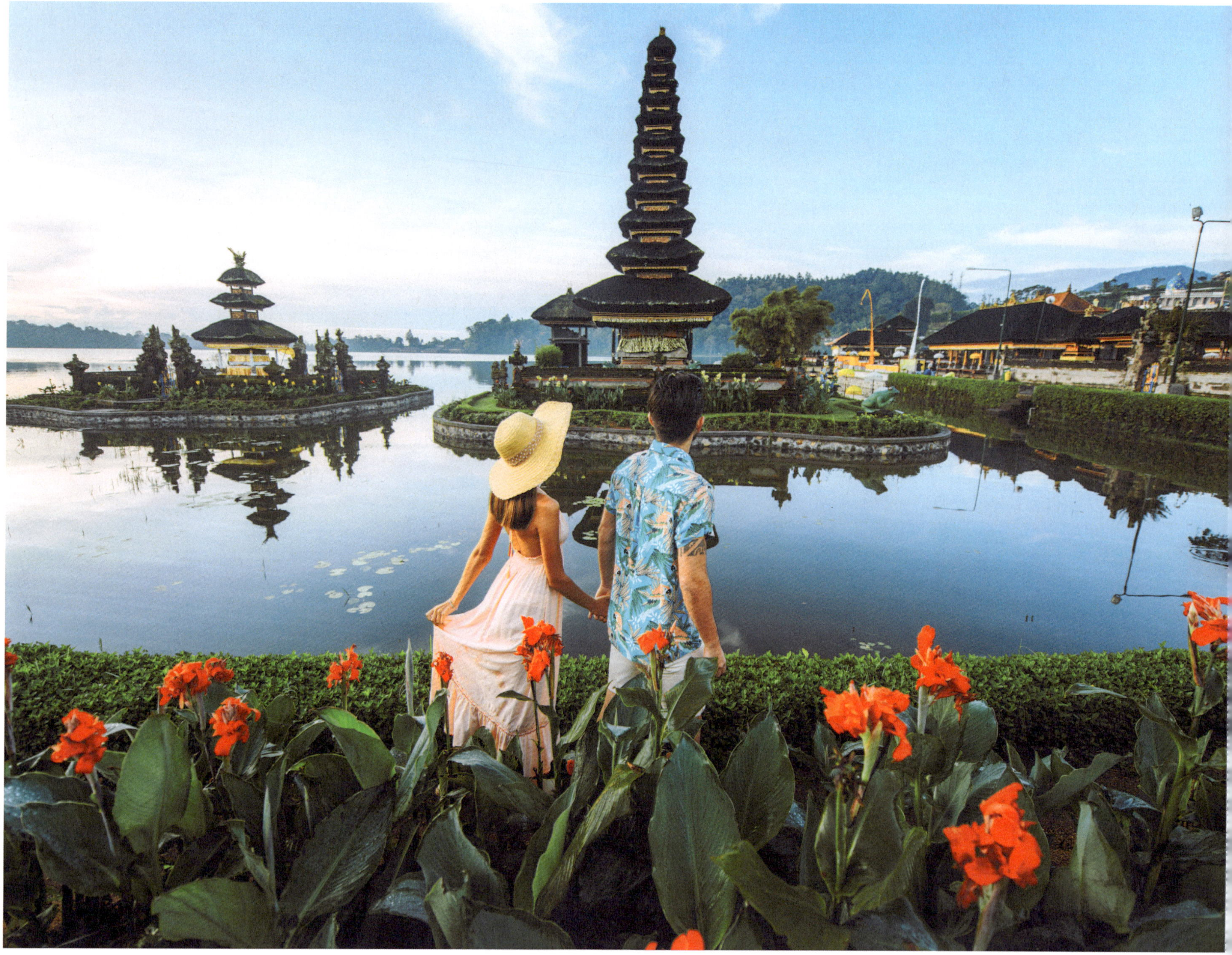

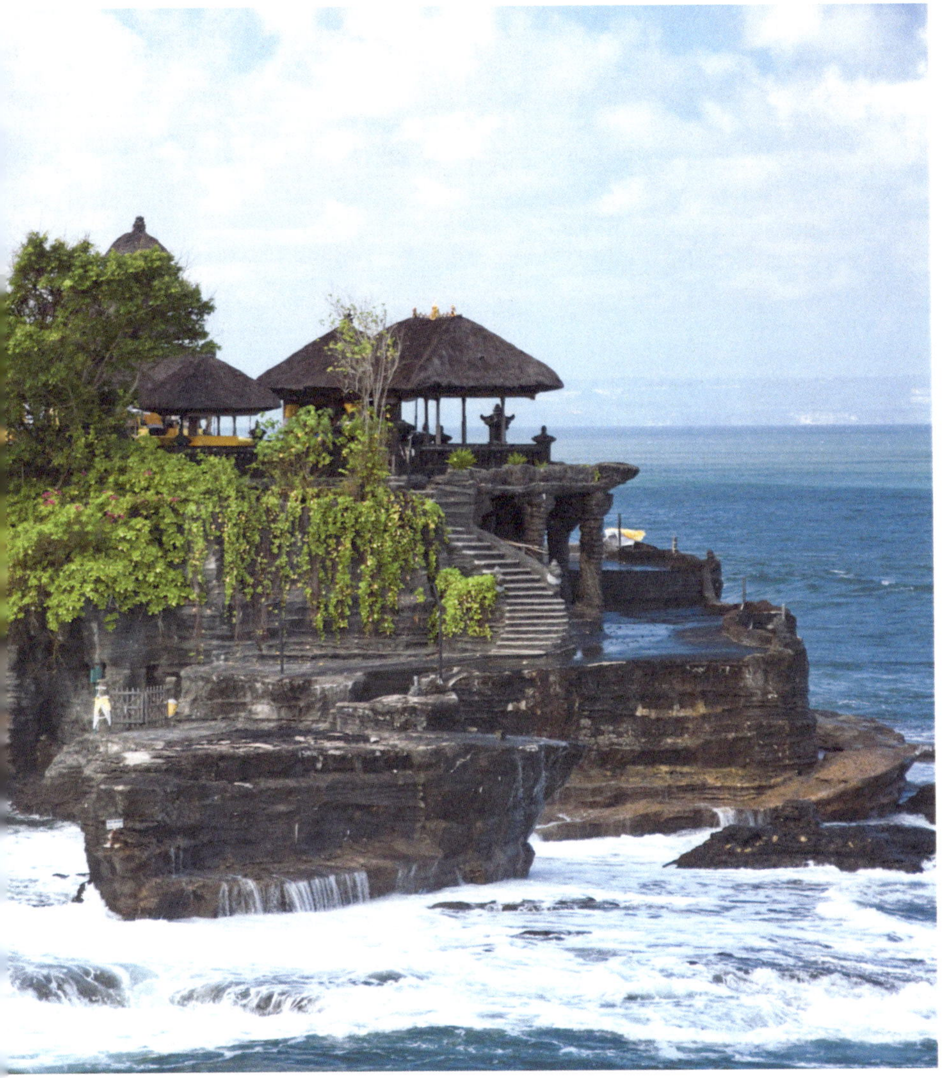

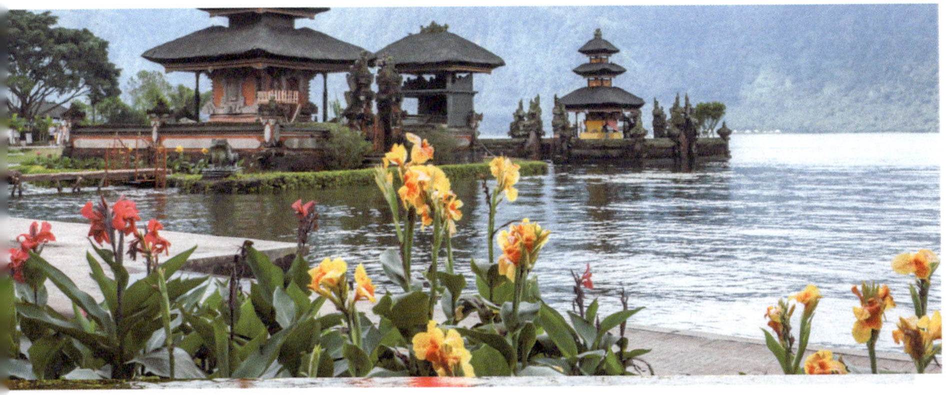

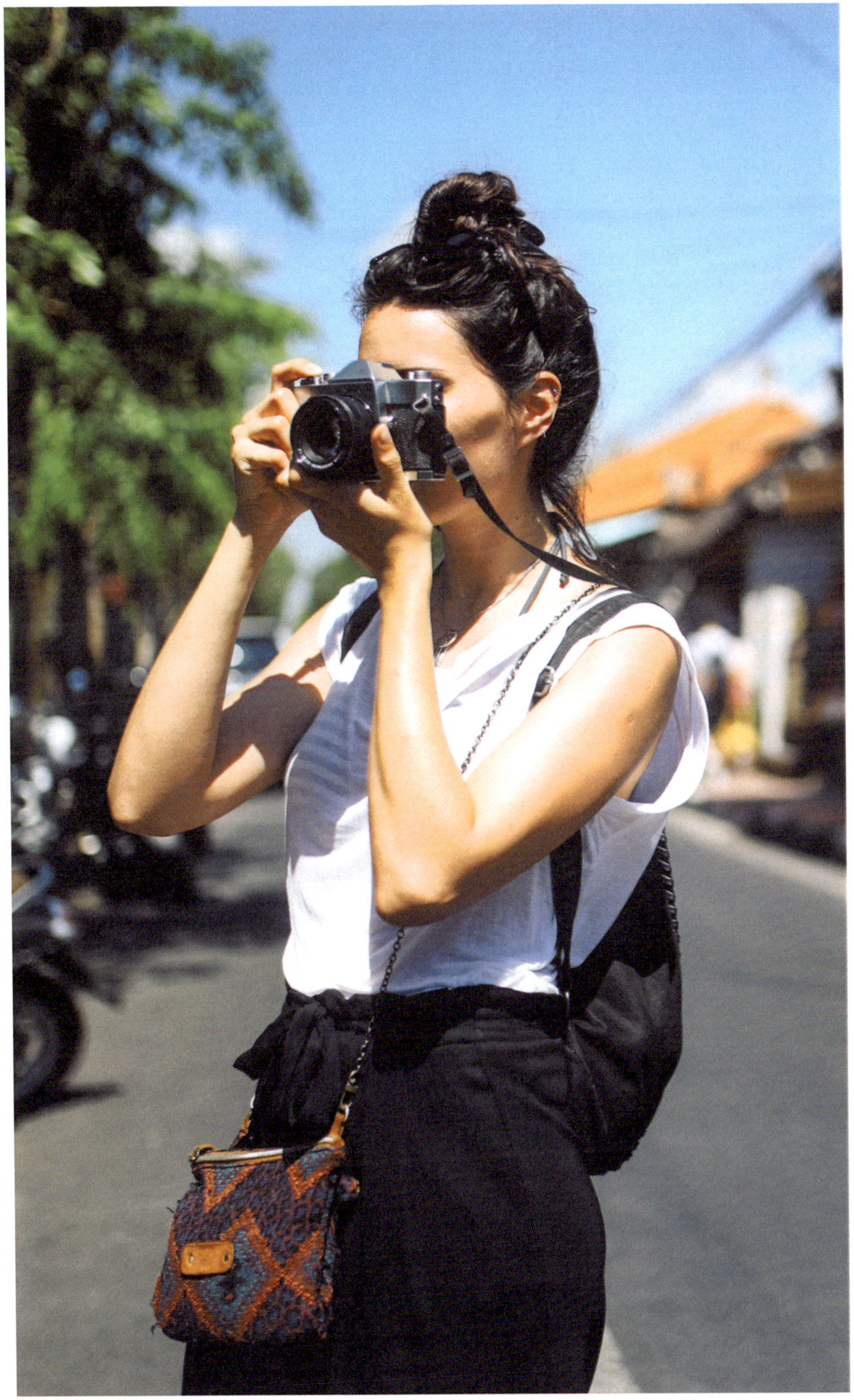

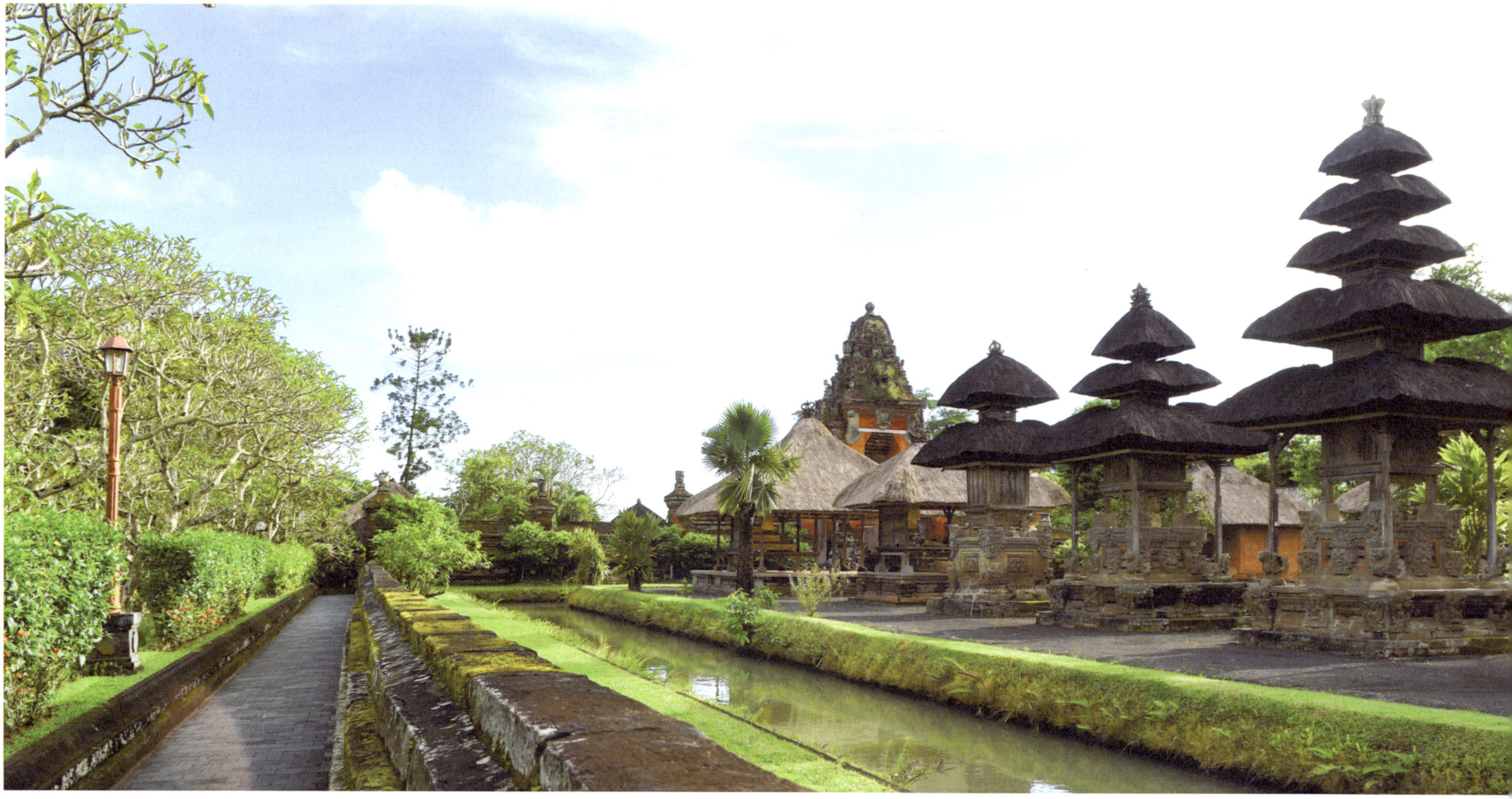

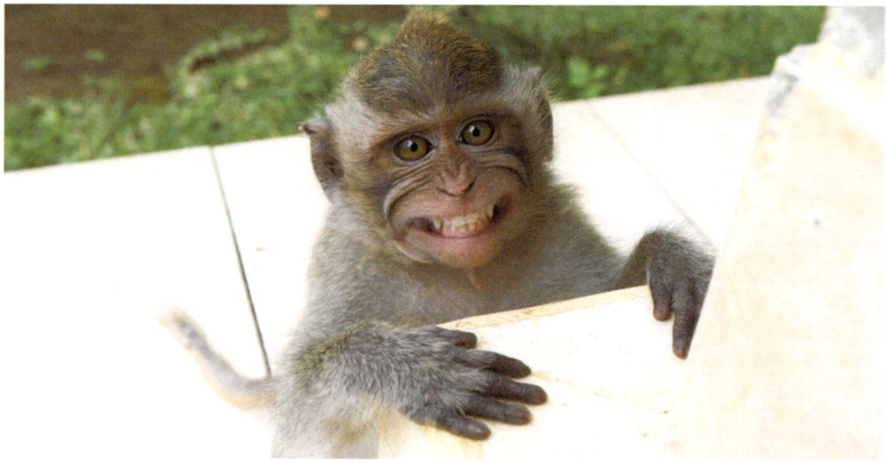

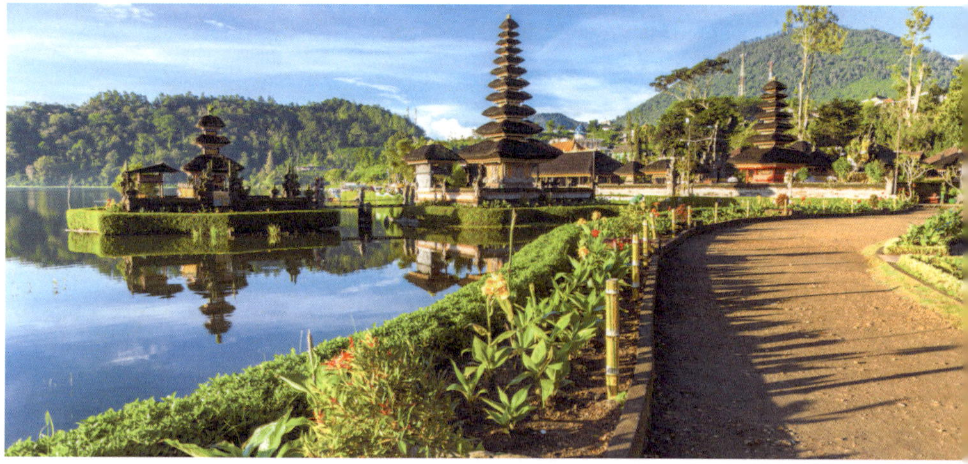

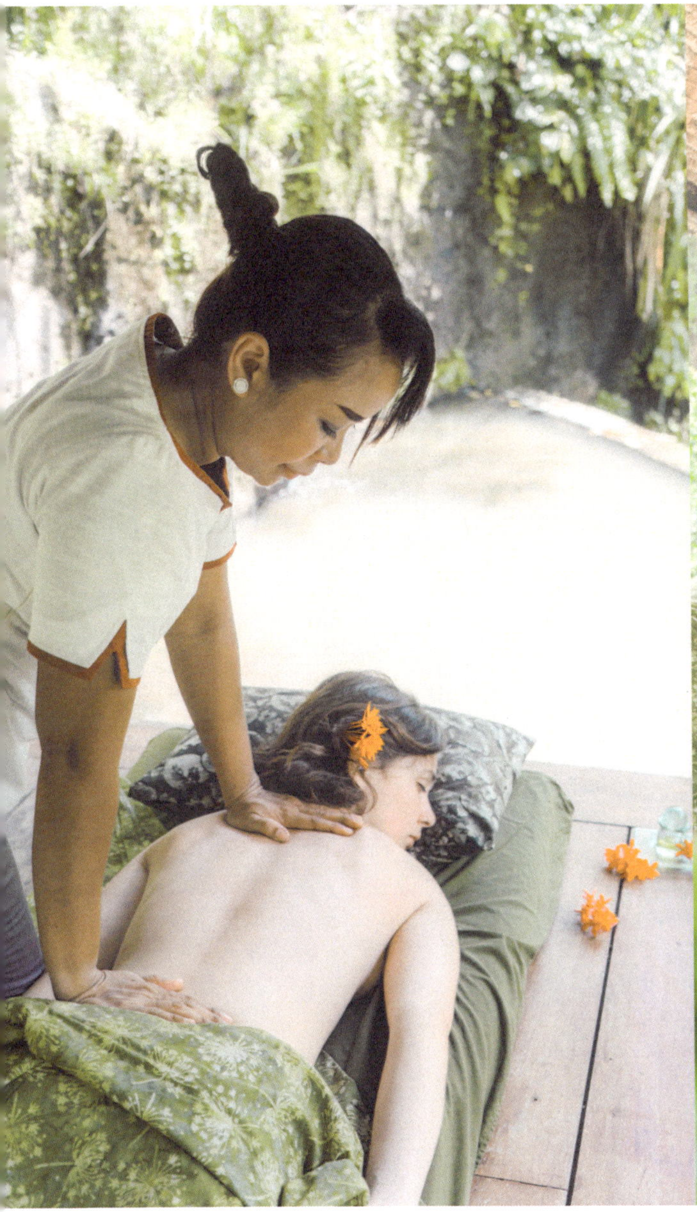

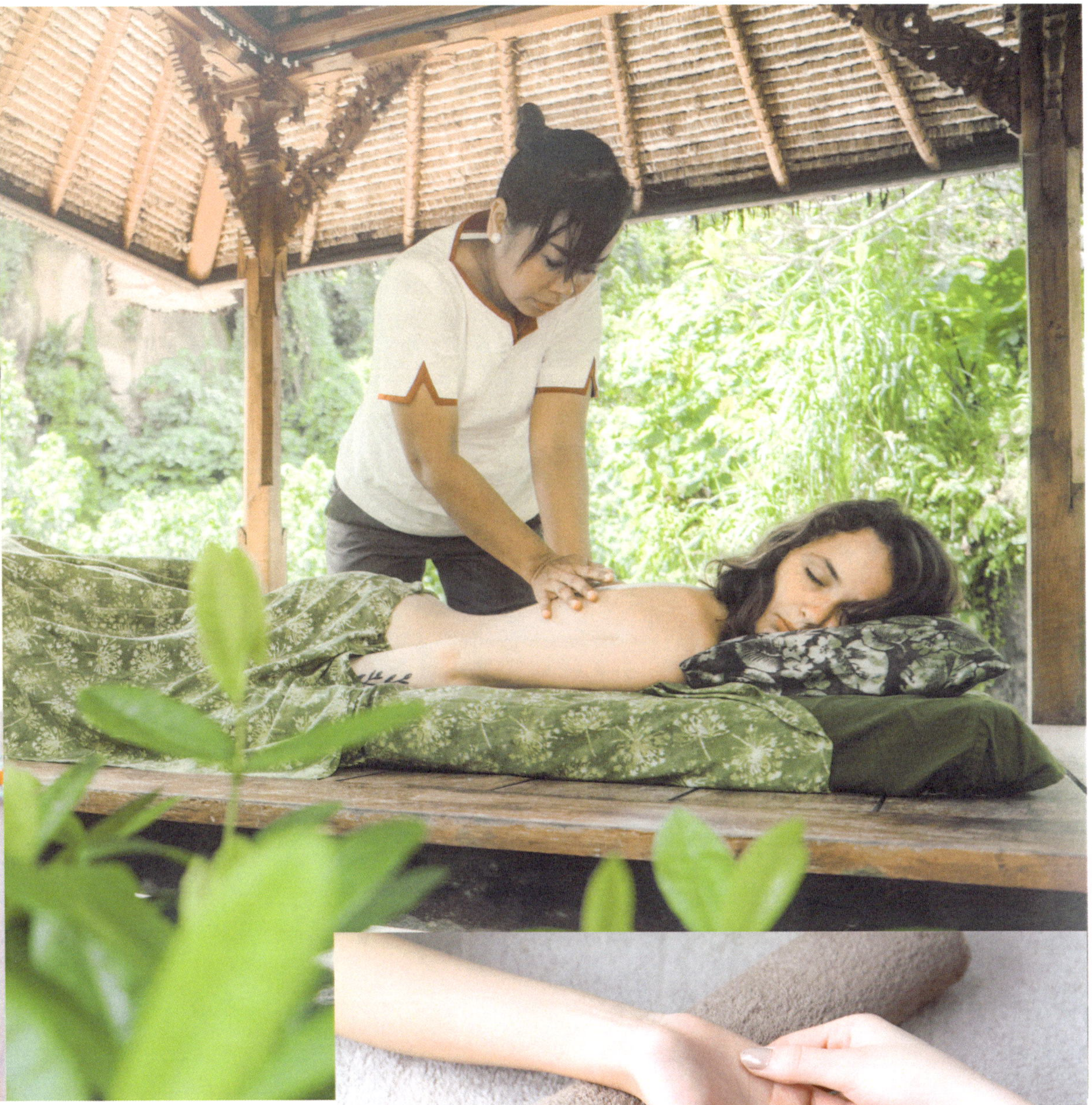

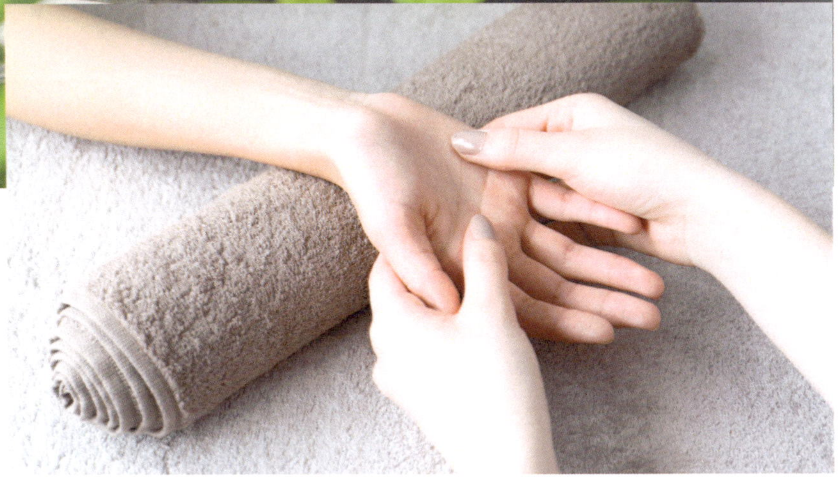

BALINESE TRADITIONAL MASSAGE

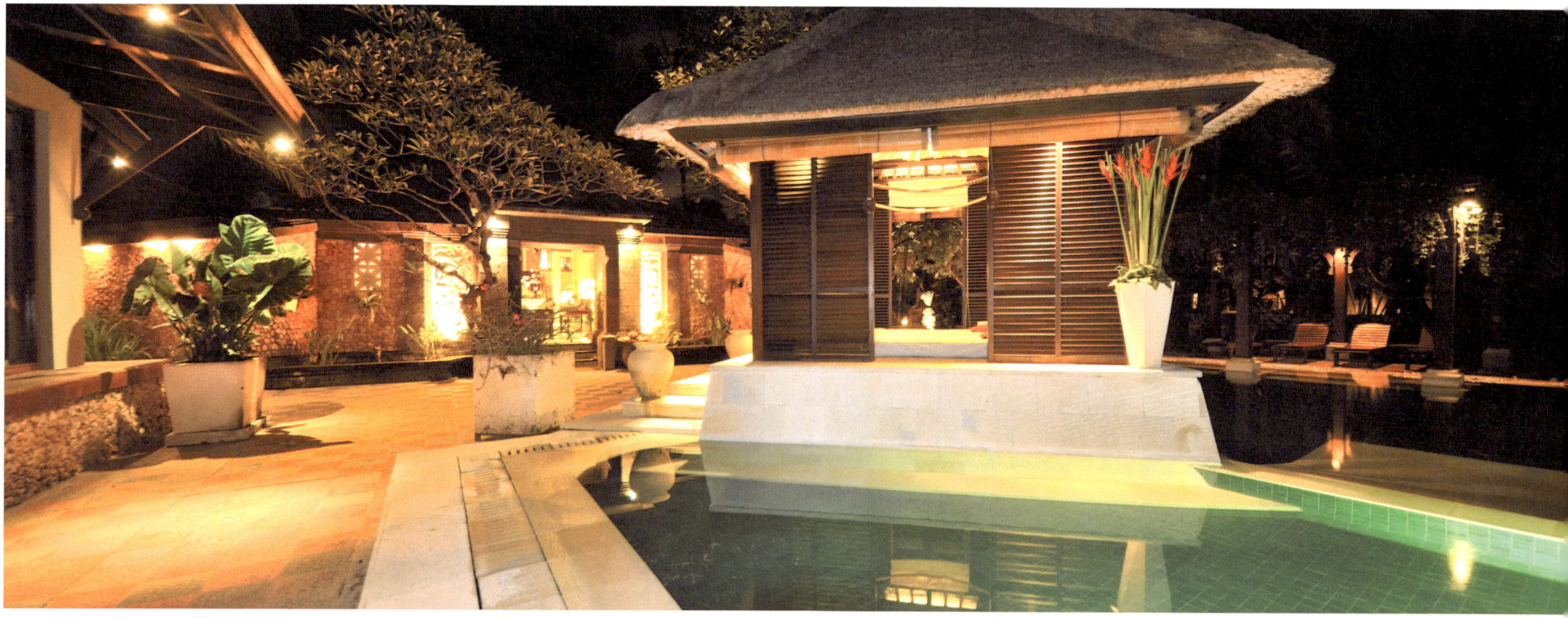

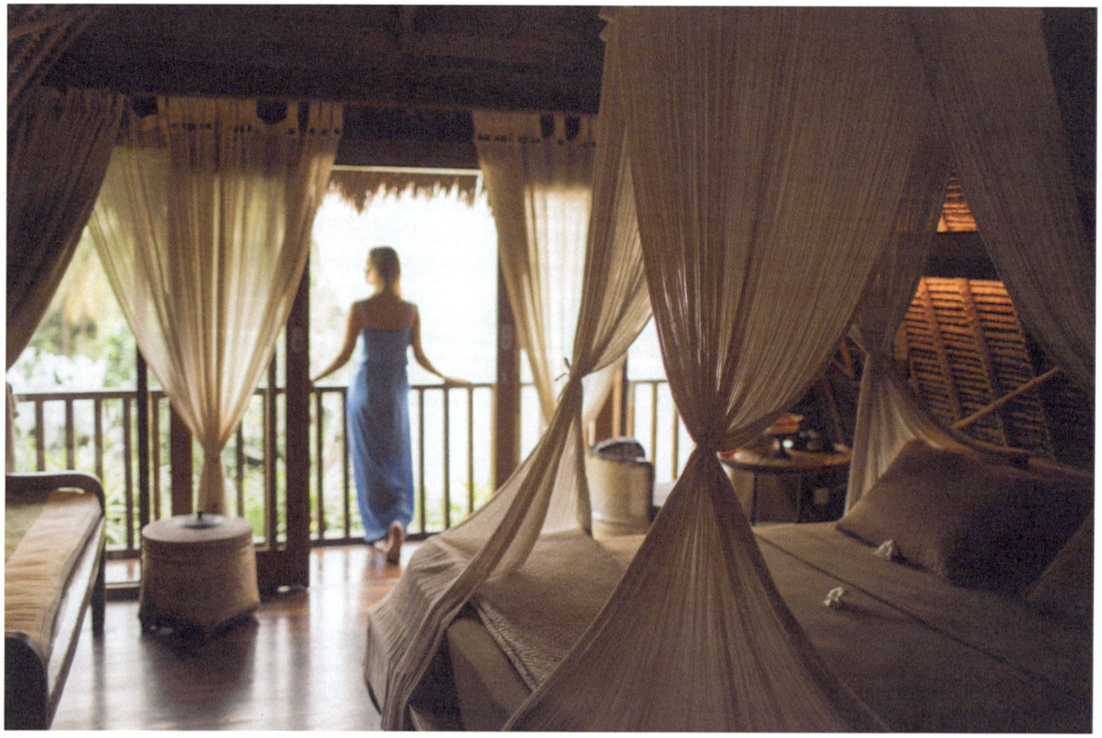

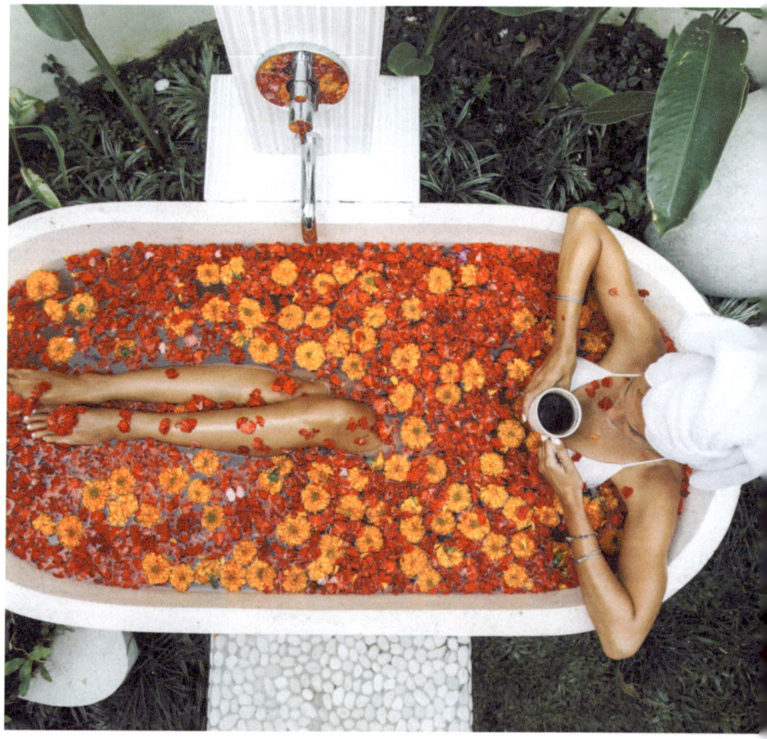

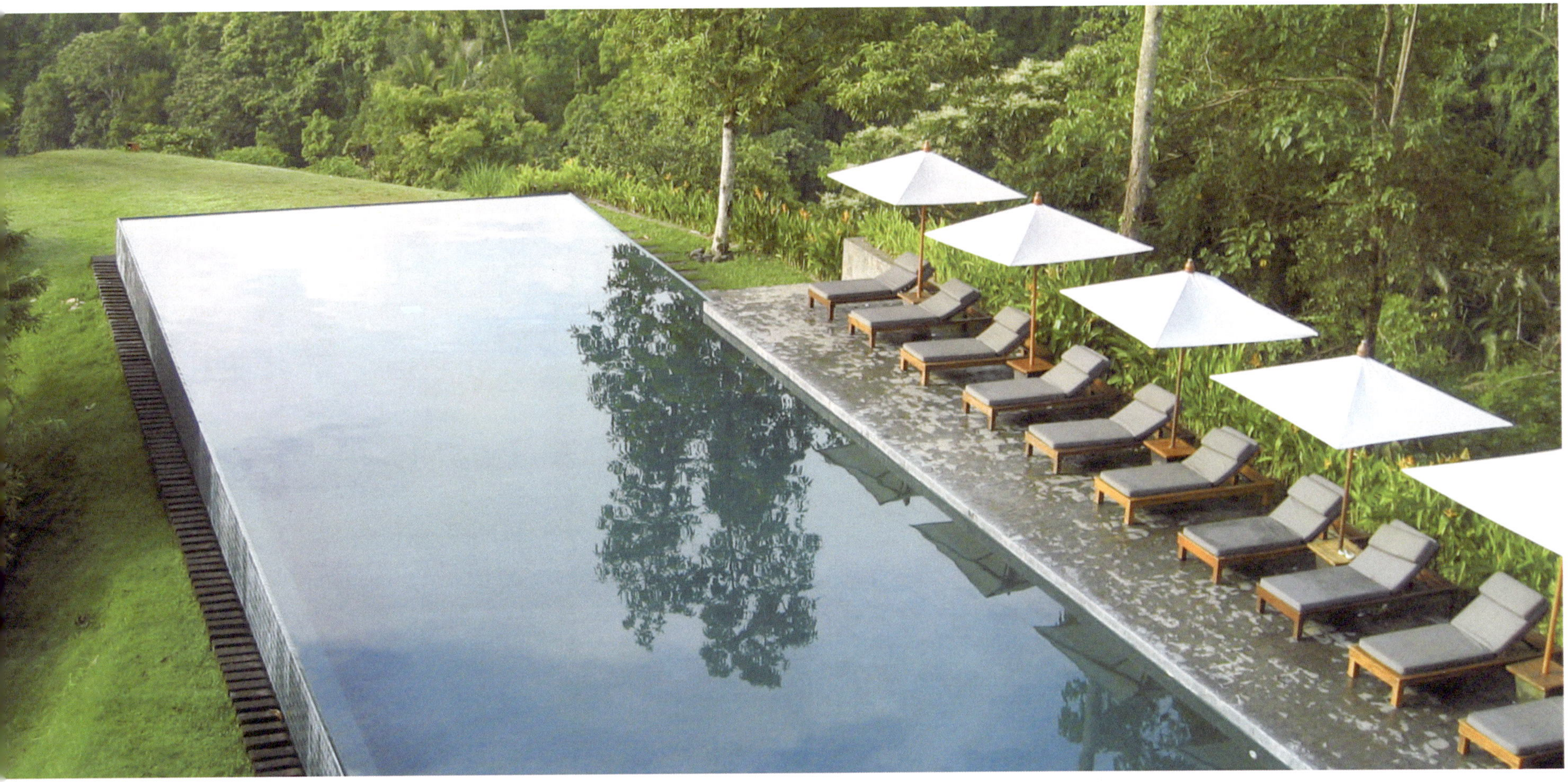
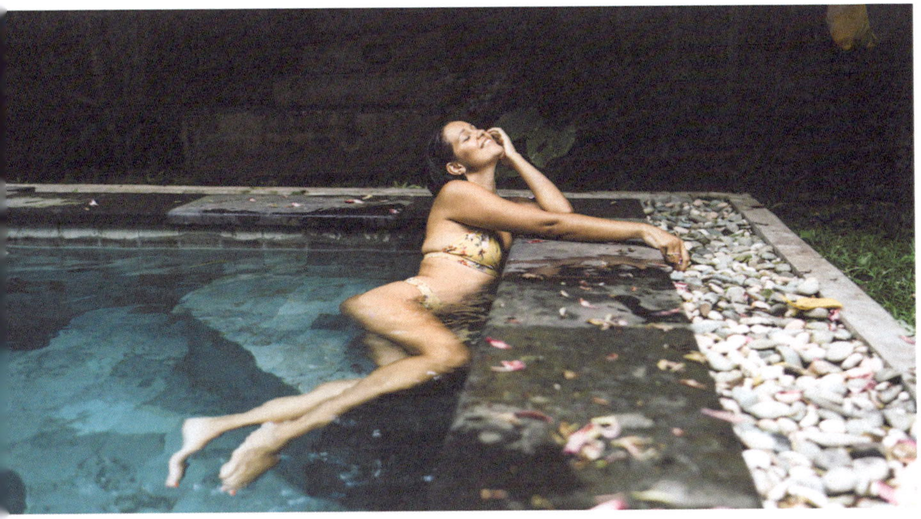
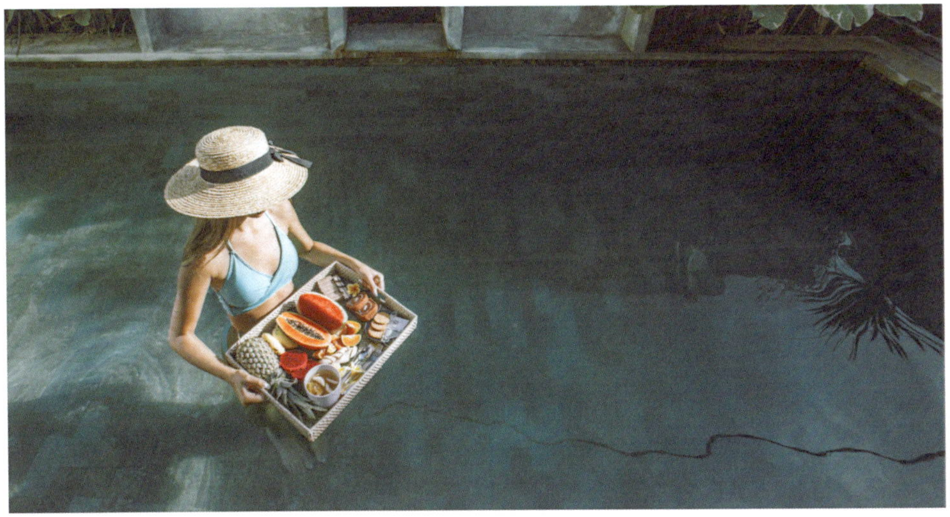

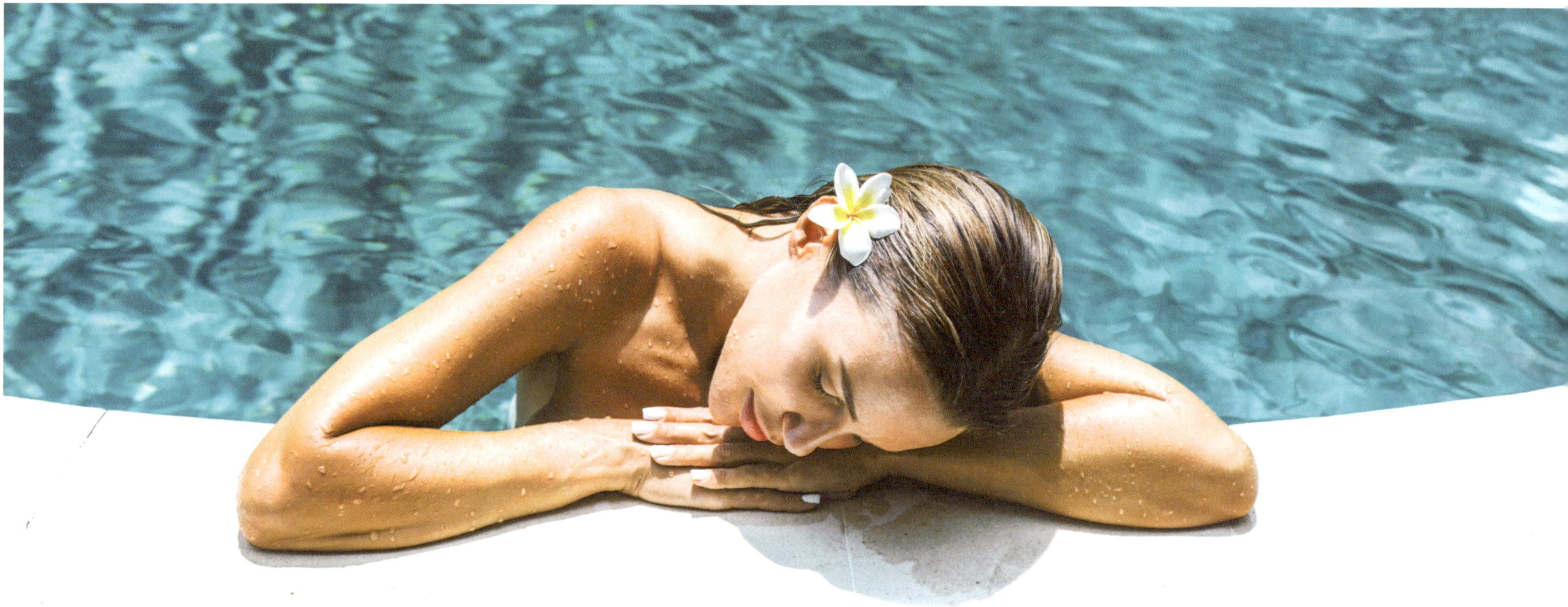

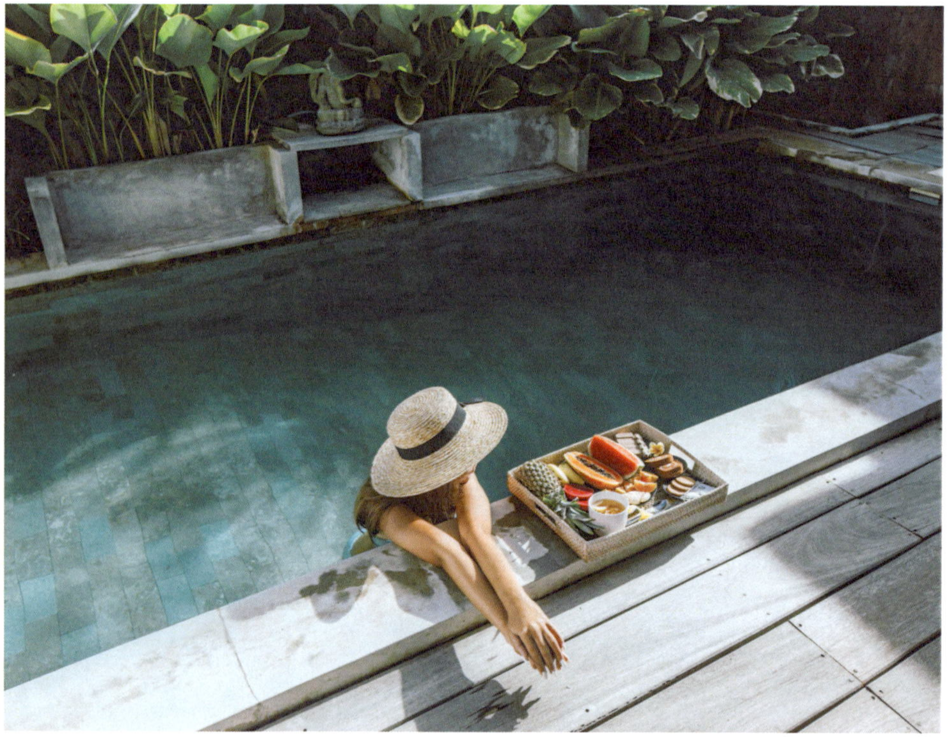

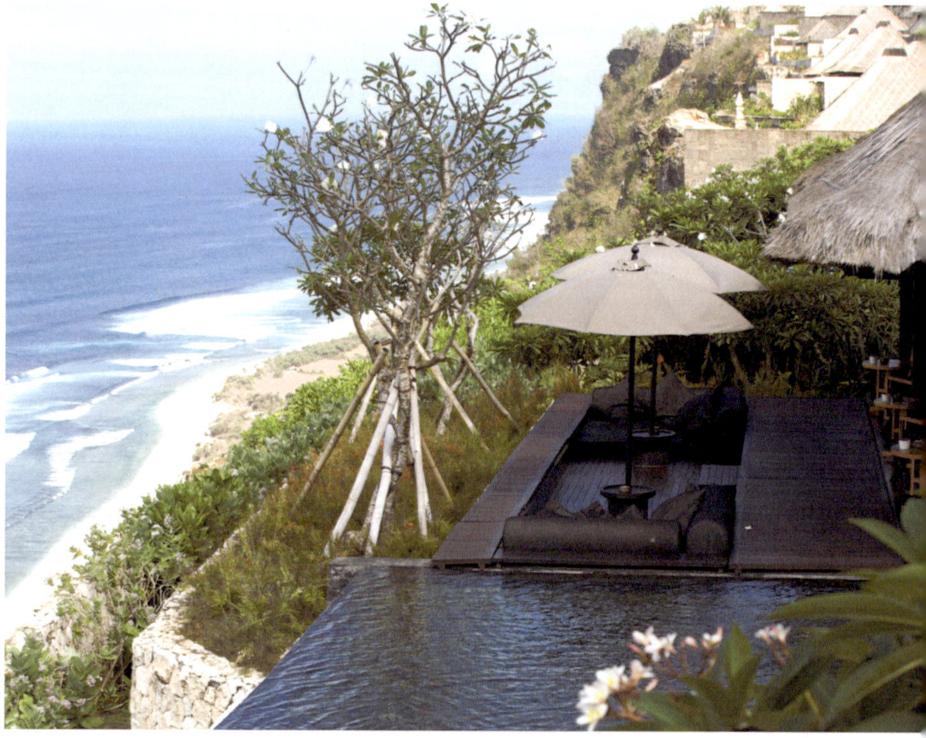

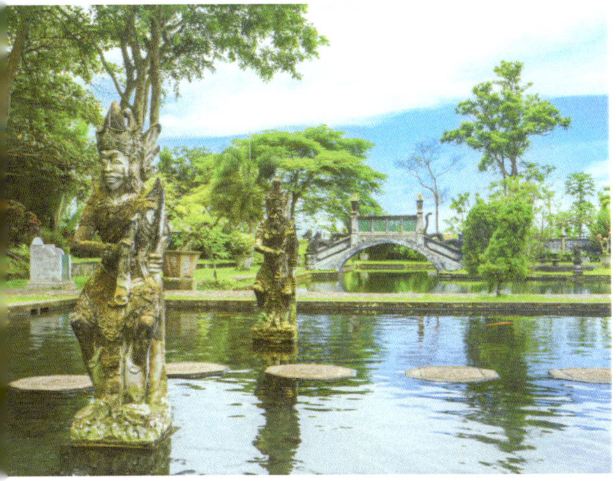
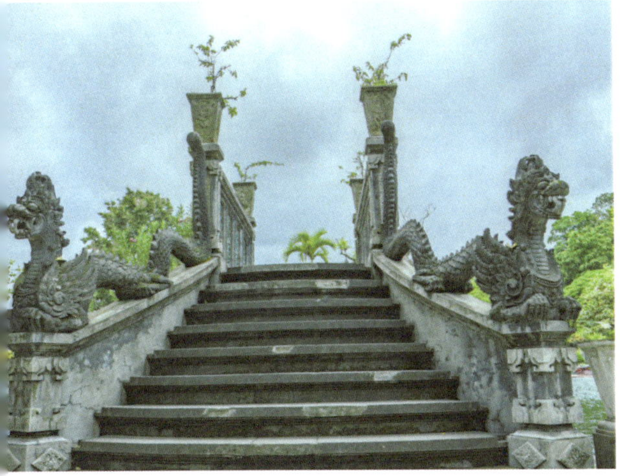
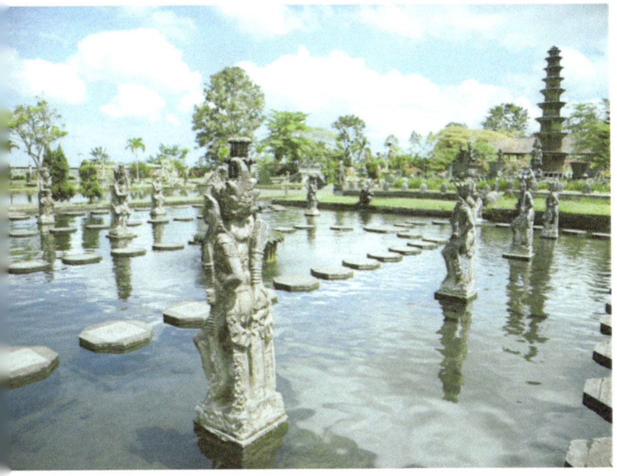
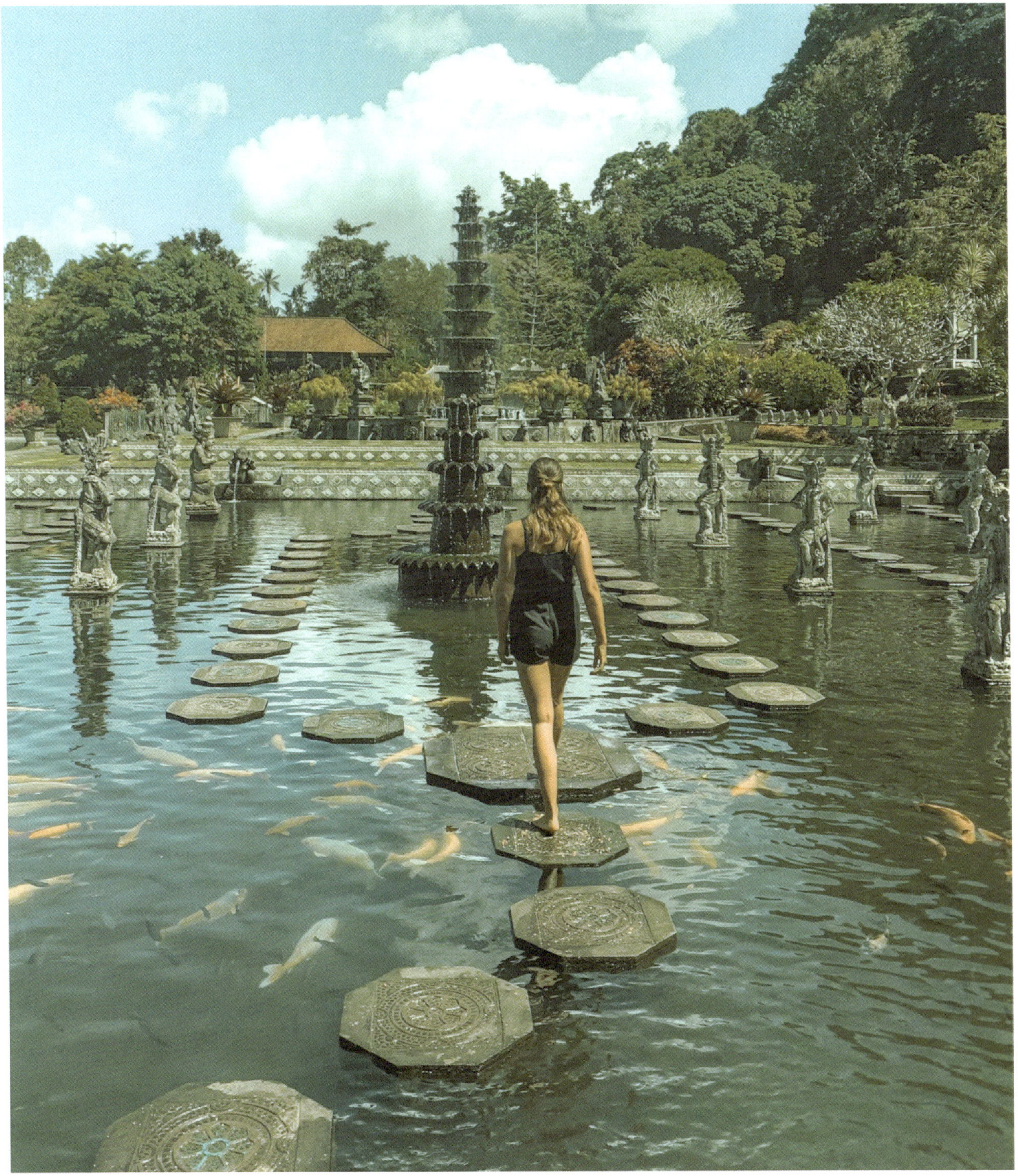

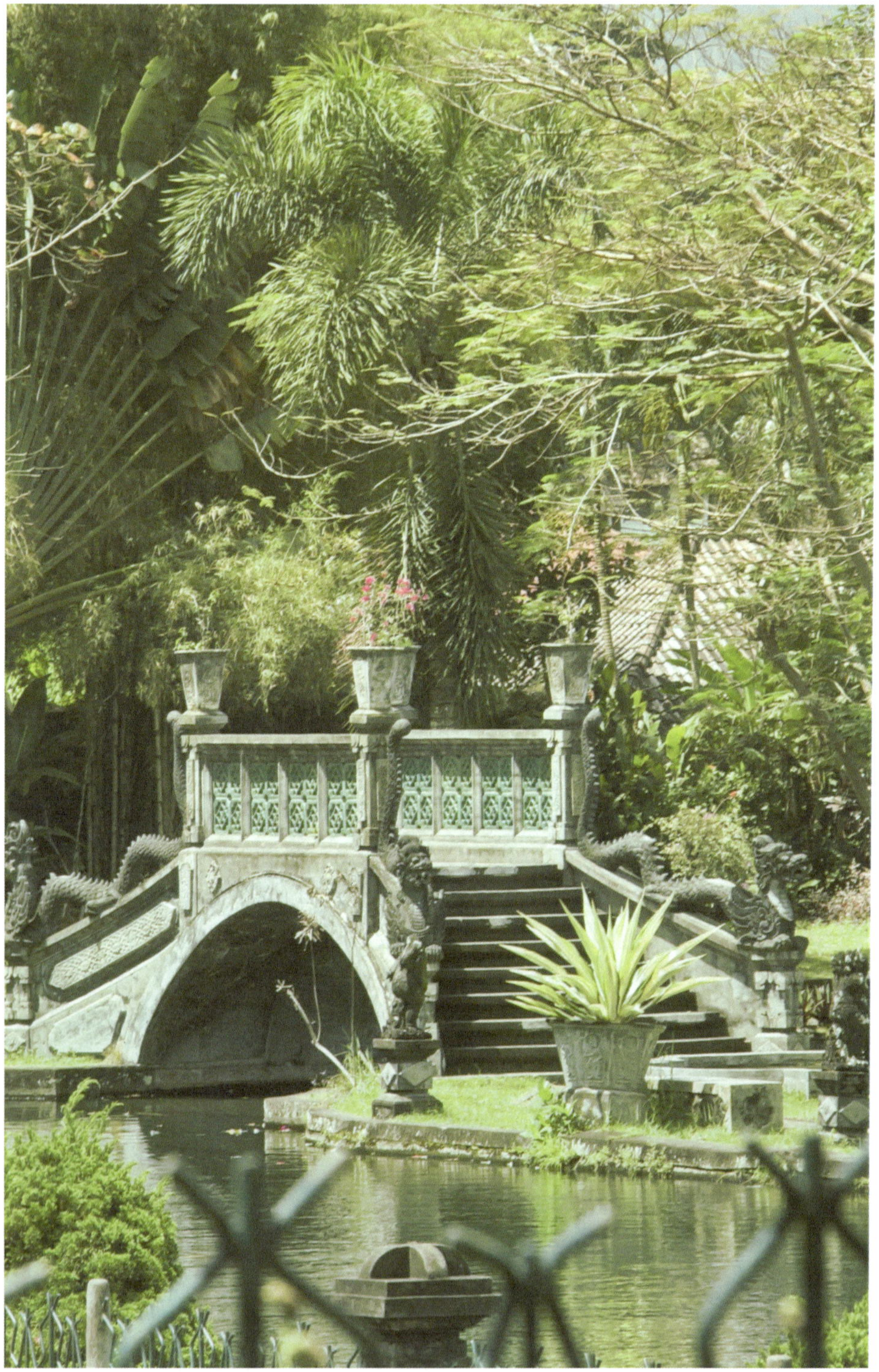

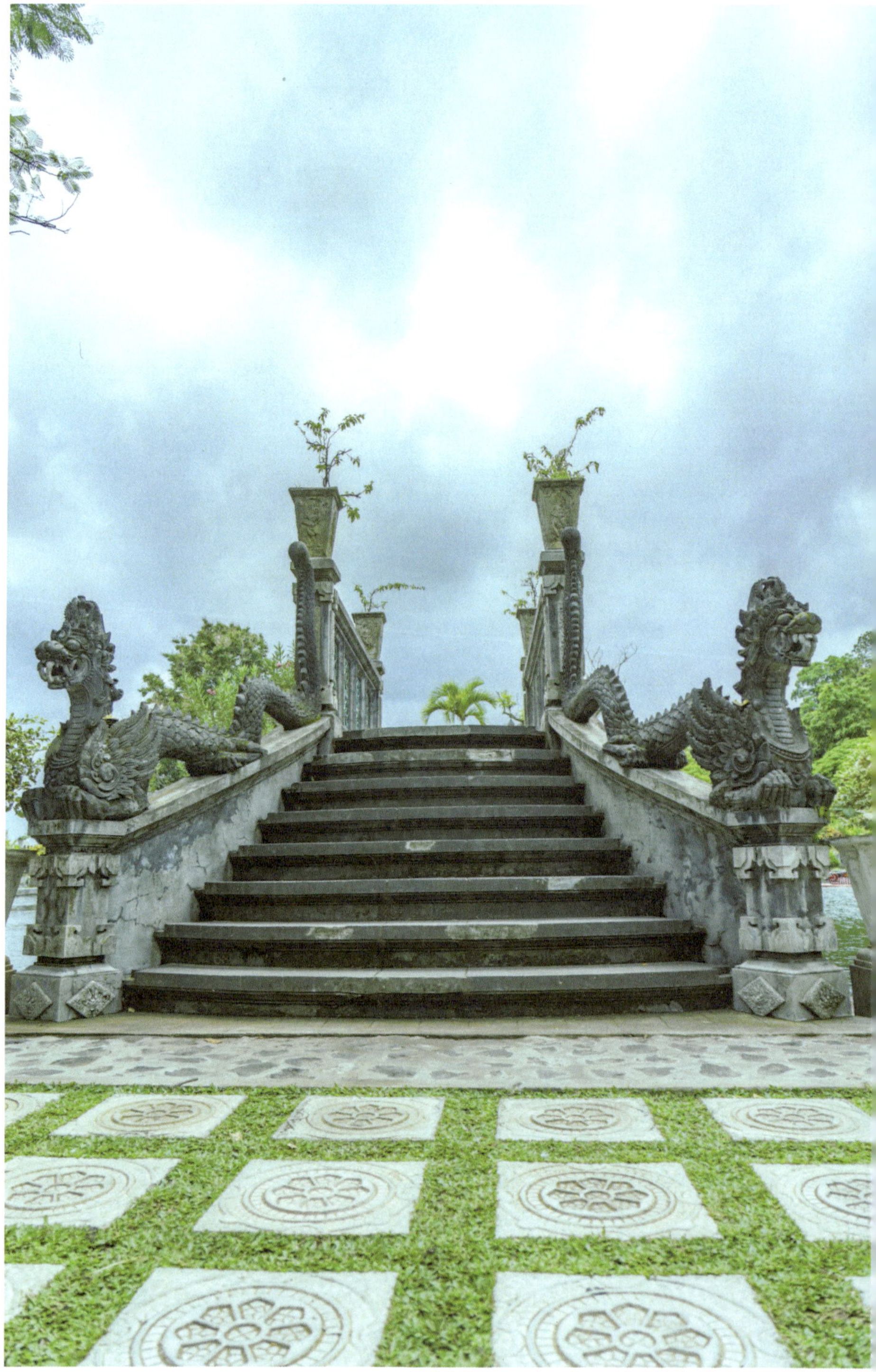

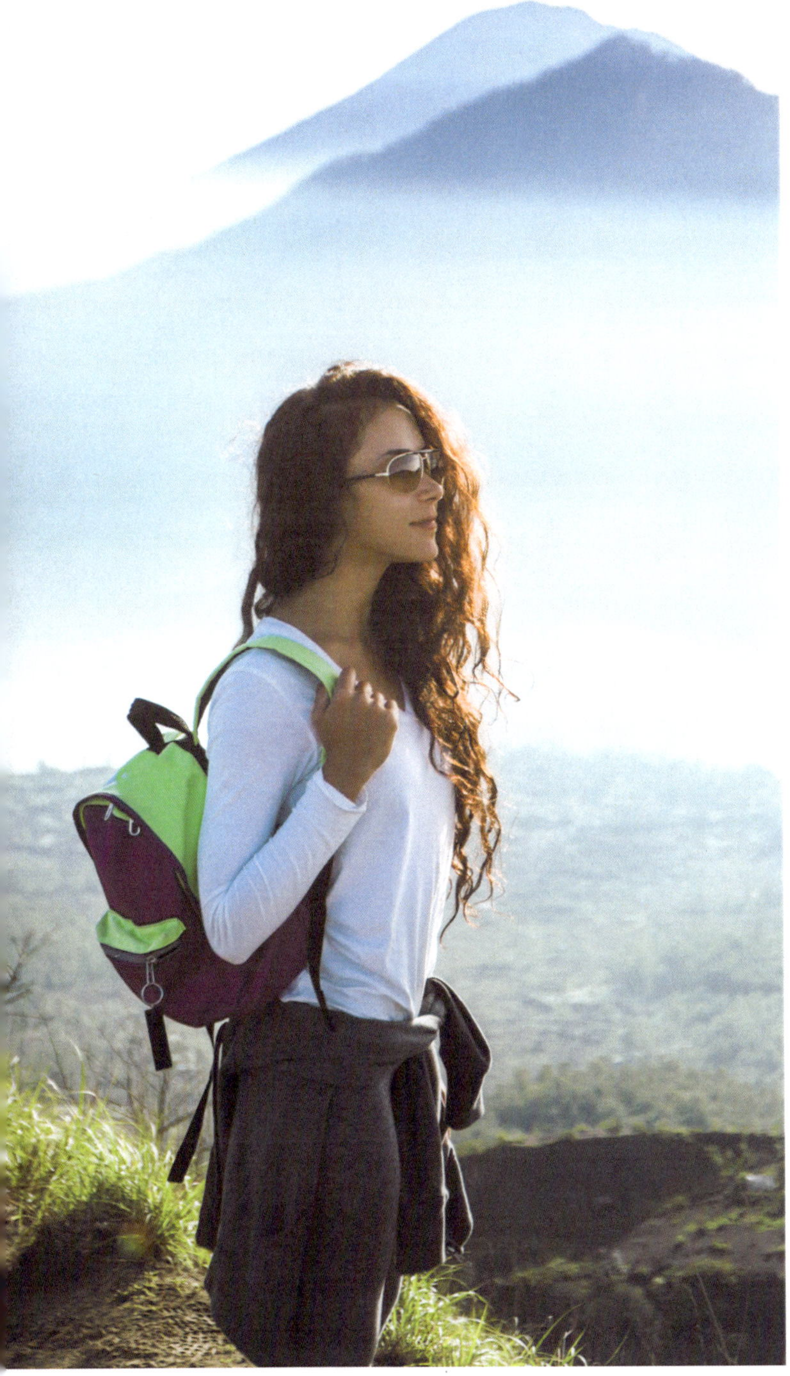
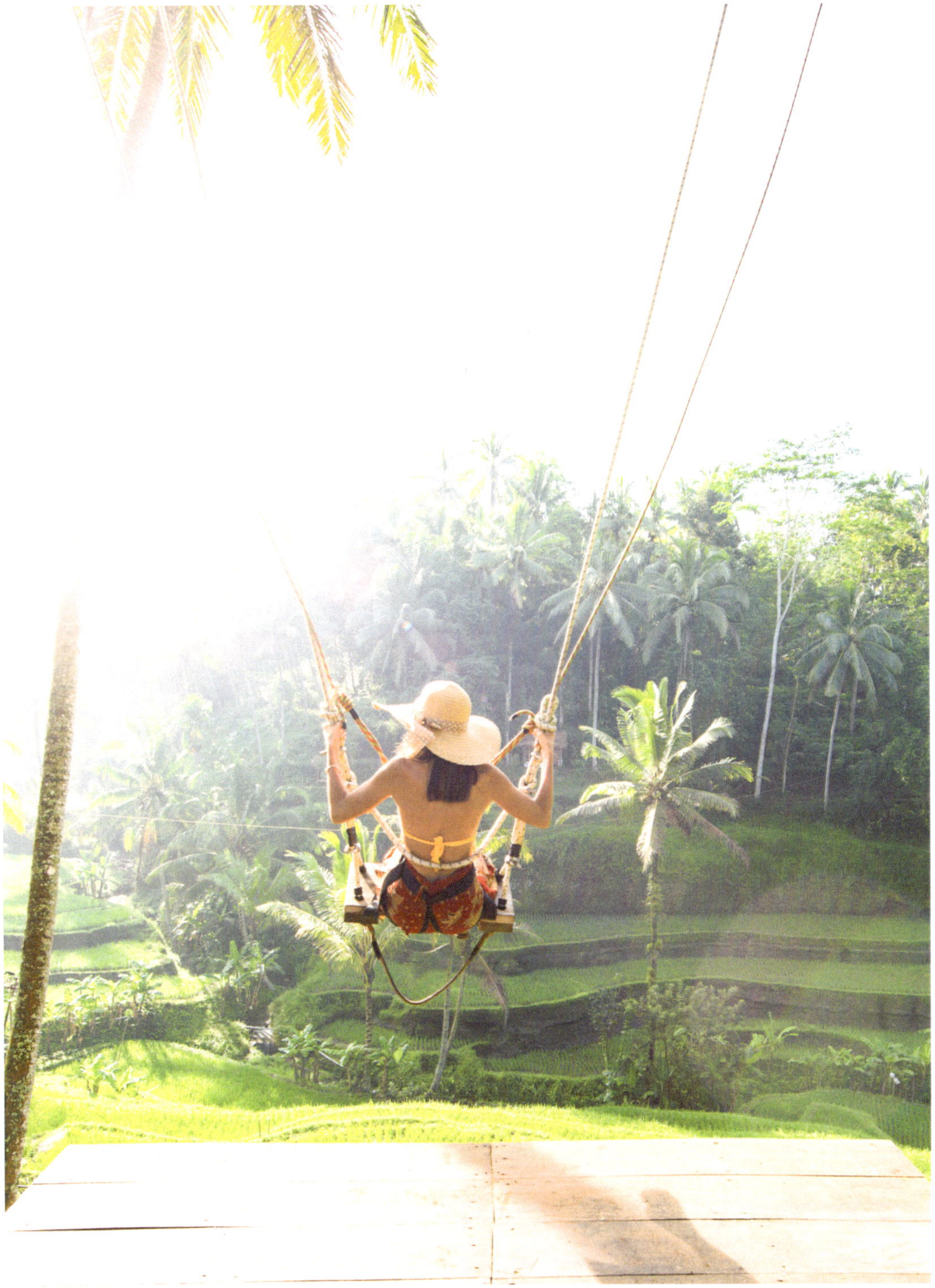

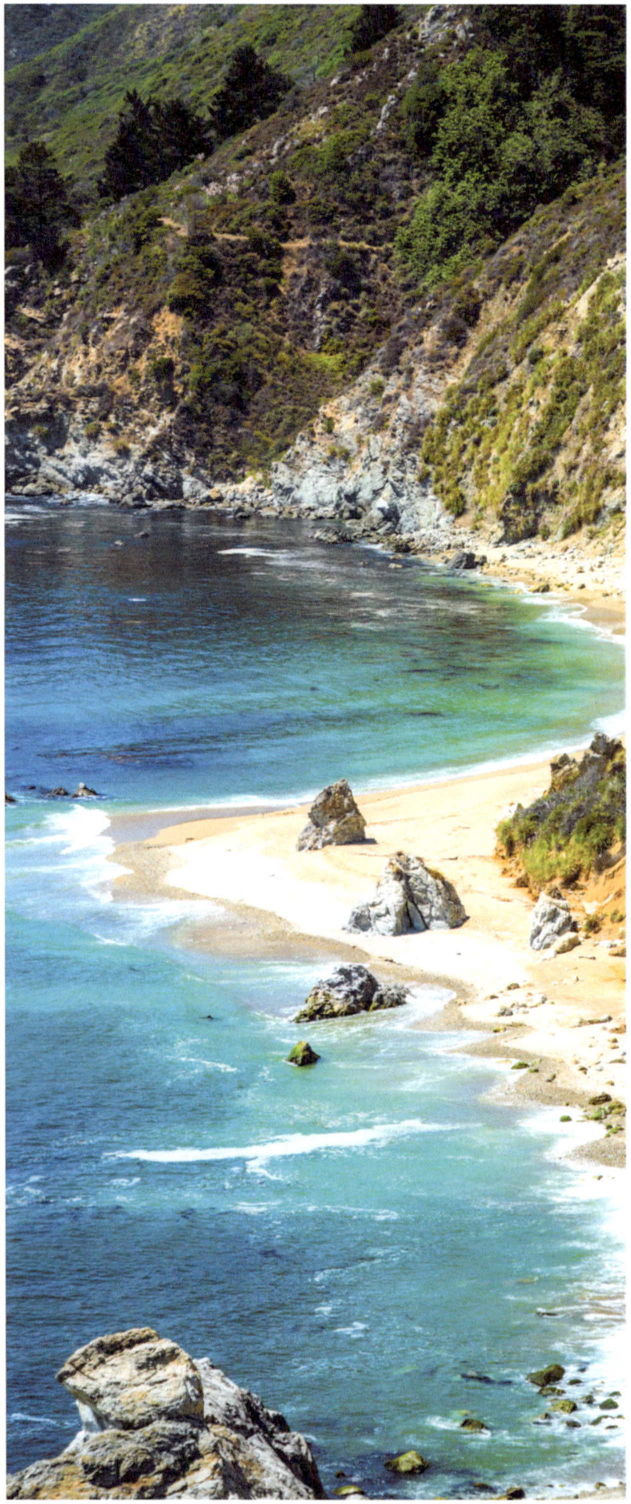

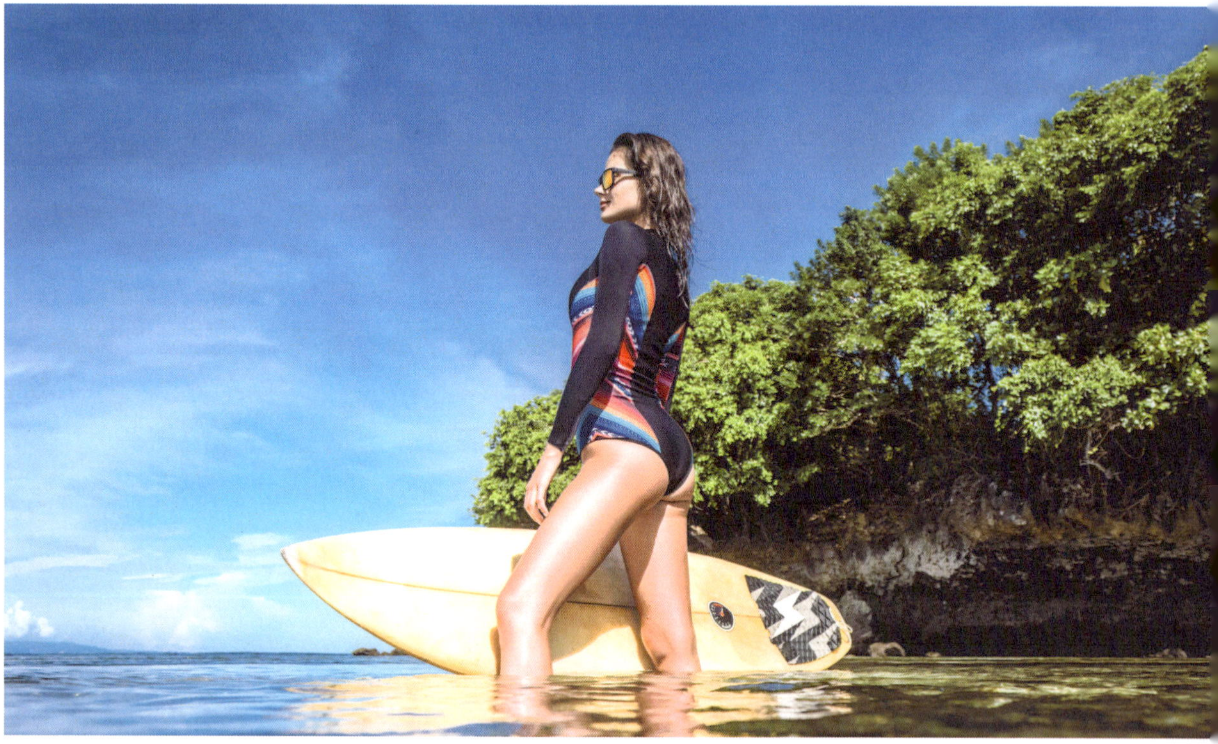

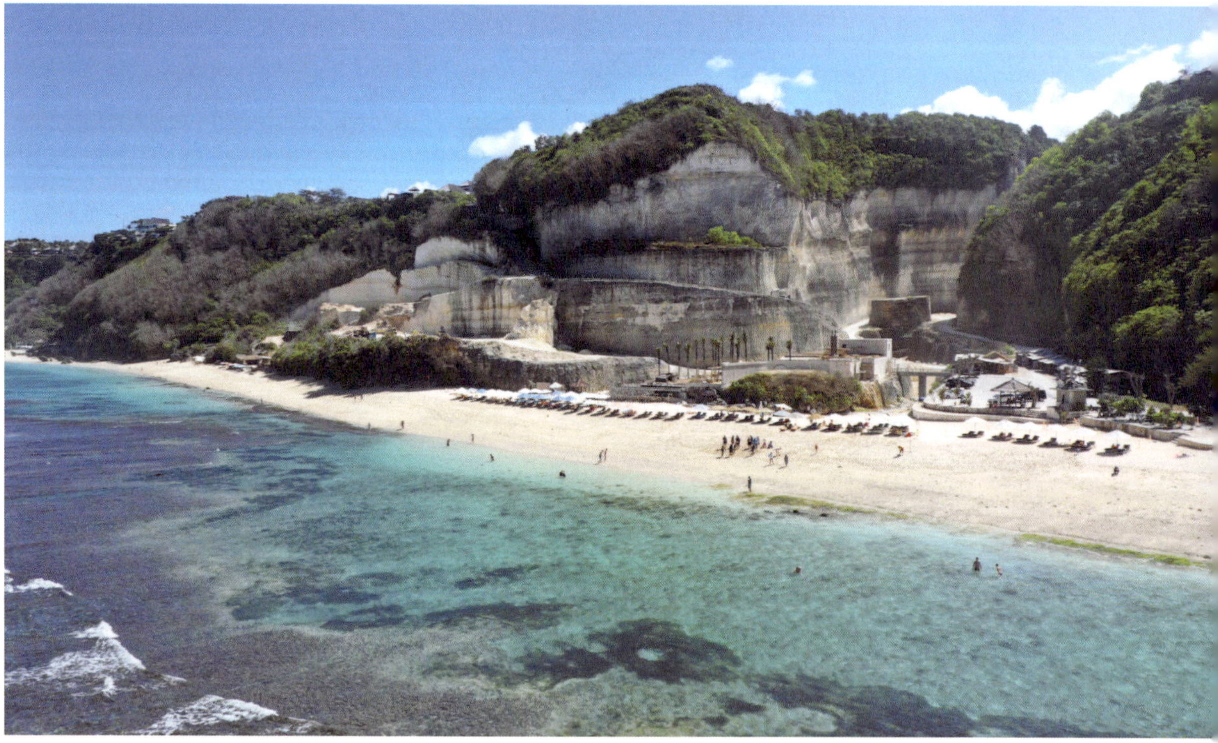

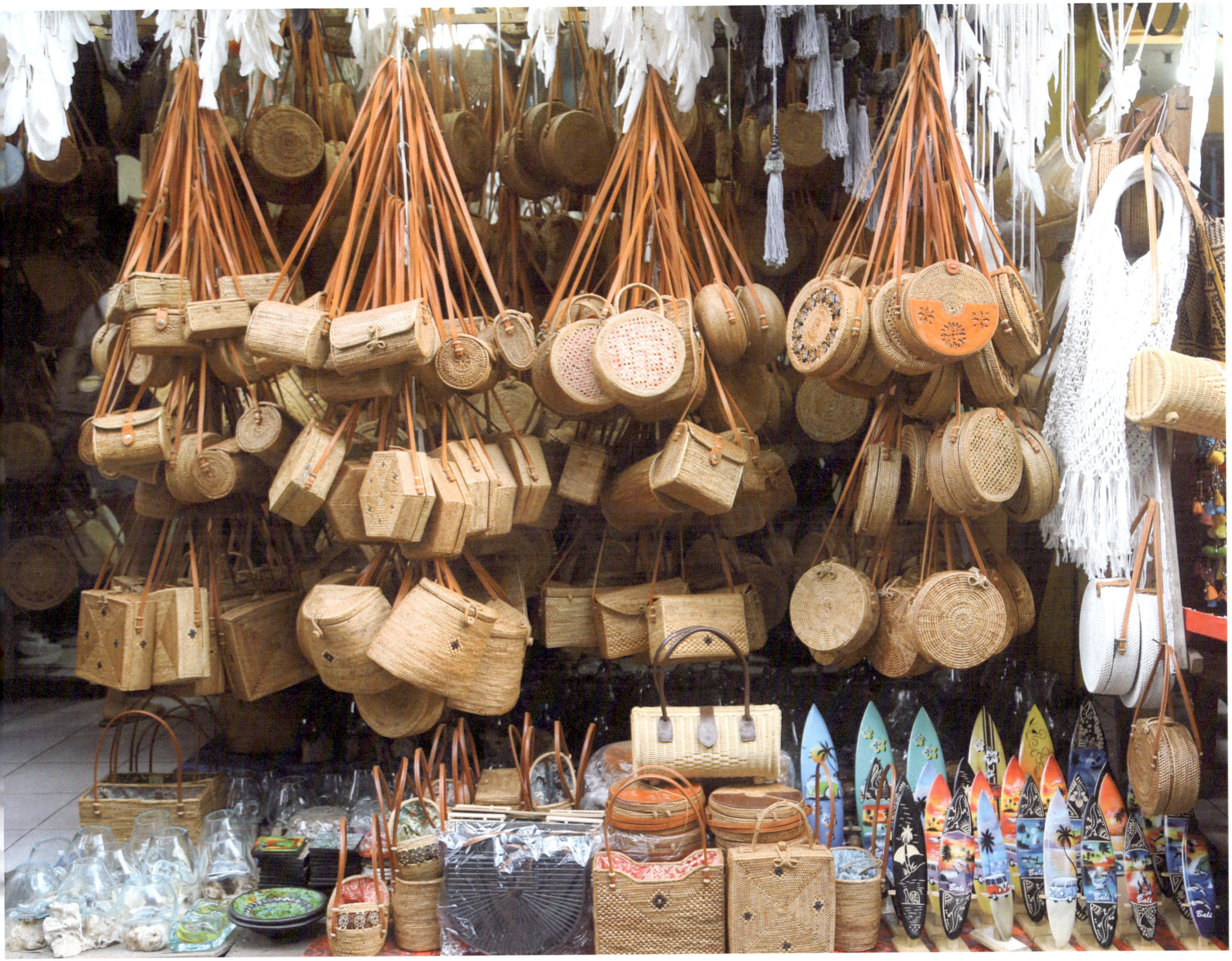
Bali

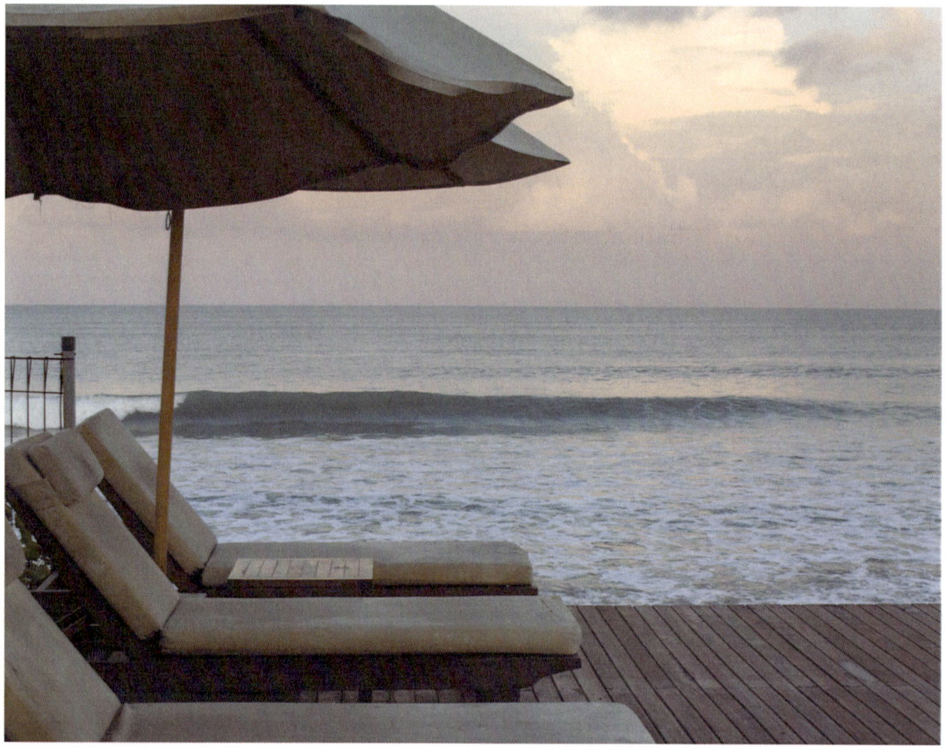
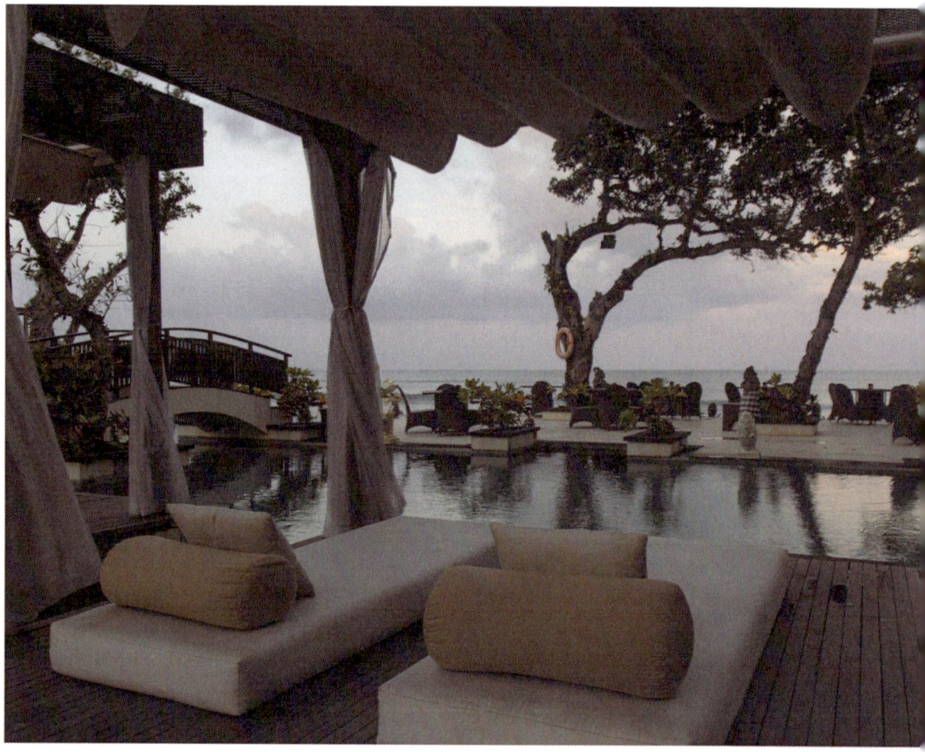
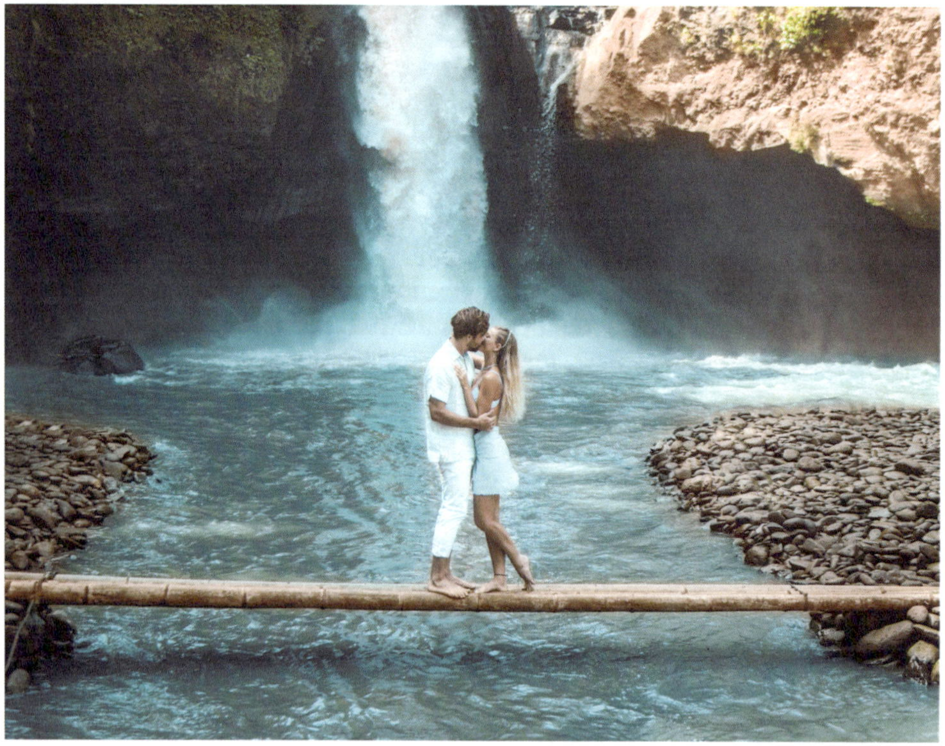
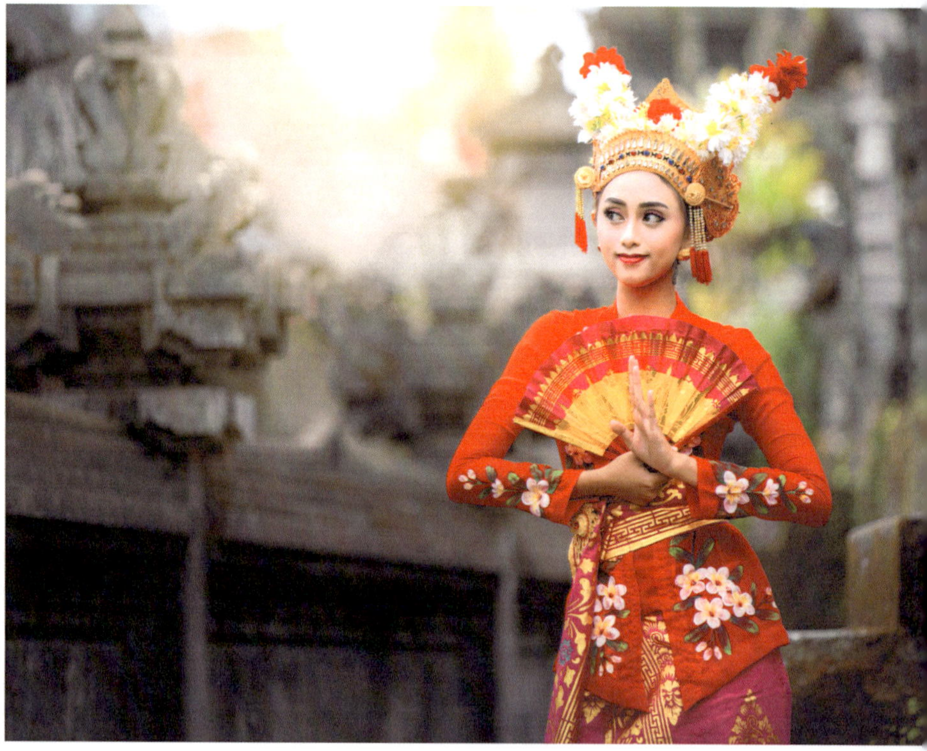

www.ingramcontent.com/pod-product-compliance
Lightning Source LLC
LaVergne TN
LVRC100725070526
838199LV00021B/548

* 9 7 8 9 3 5 6 0 5 9 9 4 8 *